広岩近広

核を葬れ！

森瀧市郎・春子父娘の
非核活動記録

藤原書店

核を葬れ！

目次

1989 年、広島・原爆慰霊碑の前で
座り込みをする森瀧市郎さん

核を葬れ！

森瀧市郎・春子父娘の非核活動記録

凡　例

一　本書の構成にあたり、森瀧市郎さんの著書や追悼集（巻末に書名と出版社を掲載）から引用させていただきました。また、本書に登場していただいた方の年齢や肩書などは、取材当時のままとさせていただきました。

一　毎日新聞大阪本社発行の朝刊に二〇一五年三月三日〜十二月十五日に連載した「平和をたずねて——反核の父と娘」（全五九回）を大幅に改稿、加筆、削除をしてまとめました。

一　森瀧市郎さんの著書、日記からの引用は［　］で、その他の引用は〈　〉で示しました。但し、強調したい箇所については字体を変え、カッコ類は使用していません。

一　掲載写真の大半は森瀧春子さんのご提供で、一部が筆者の撮影です。

プロローグ

一葉の写真が、私の脳裡《のうり》に焼きついている。

白髪の老師は、座禅のスタイルで脚を組み、地面に腰を沈めていた。両膝に左右の拳をのせて、すっくと背筋を伸ばした姿勢は、聖者が時を止めているかのように見える。ところが虚空を睨《にら》み据える目には憤怒《ふんぬ》の炎があり、さながら全身怒りの人だった。

どこの国であれ核実験を強行するたびに、広島平和記念公園の原爆慰霊碑の前で、抗議の座り込みを続けた森瀧市郎さんの終始変わらぬ姿である。広島大学名誉教授で哲学者の森瀧さんは、米軍により広島に落とされた原爆で右目を失明した。だが、光の見えない右目からも、核実験に抗議する怒りは迸《ほとばし》っていた。

原水爆禁止日本国民会議（原水禁）と日本原水爆被害者団体協議会（日本被団協）の初代代表を務めた森瀧さんは、いかなる国の核実験にも、非暴力の座り込みによって抗議を重ねた。一九九四年一月に九十二歳で亡くなるまで続けられ、その座り込み回数は約五百回にのぼった。それだけ核軍拡競争が繰り返されたのである。

その反核の父も、「核の平和利用」を喧伝《けんでん》した原子力発電に当初は賛意を表明していた。しかし、原発の原料を採掘するウラン鉱山近くの住民が被曝《ひばく》していた事実に衝撃を受け、また「核のゴミ」（高レベル放射性廃棄物）を出し続ける一方でトラブルを繰り返す原発の危険性を見抜いてから、森瀧さんは「核を絶対に否定する」と宣言して、その態度を明確にする。

平和利用という名の原子力発電では、究極的処理の解決もないままに核廃棄物を積みあげるばかりか、半減期二万四千年といわれる最悪の毒物プルトニウムを生産しつづけ、子孫に絶望的な遺産をのこそうとしている。私たちが核と人類は共存せずとして「核絶対反対」の道を進む所以《ゆえん》である。「ヒロシマ後」の私たちの反核運動はひたすら人類の存在をねがっての闘いであった。

森瀧さんが最初に「核と人類は共存しない」と主唱したのは、被爆から三十年を迎えた夏、一九七五年八月のことだった。以後、森瀧さんは繰り返し訴え続けた。

核は軍事利用であれ平和利用であれ、地球上の人類の生存を否定するものであると断ぜざるを得ないのであります。結局、核と人間は共存できないのであります。共存できないということは人間が核を否定するか、核が人間を否定するかよりほかないのであります。われわれはあくまで核を否定して生きのびなければなりません。

このとき日本の原発に大事故はなく、森瀧さんの主張を真摯《しんし》に受け止める国民は限られた。ひらたく言えば他人事だったのである。

東京電力福島第一原子力発電所で二〇一一年三月十一日にチェルノブイリ原発事故に匹敵する、国際原子力事象評価尺度による「レベル7」という最悪の事故が起きてから、日本の原発は安全と宣伝された「神話」は崩れ去り、今は亡き森瀧さんの主唱がやっと注目されはじめた。私がそうであったように、核の正体を間近で見せつけられたからにほかならない。

原爆と原発は、主としてウランを材料として使う。鉱山から採掘したウランには、質量数の違うウラン238とウラン235が混ざり合っている。ウラン238が九九・三パーセントとほとんどを占めるが、精錬によって核分裂の連鎖反応を起こすウラン235を抽出する。原爆は百パーセントに近い純度に濃縮して、瞬時に核爆発を起こさせる。対して原発は三パーセントから五パーセントの濃縮ウランを用いて緩やかに核分裂を行う。原理はまったく同じである。原爆に使われる、もう一つの材料プルトニウムは天然に存在せず、ウランが核分裂を起こした際に生成される。

原子炉圧力容器内の核燃料が、数千度の高温で溶け落ちたのを「デブリ」という。チェルノブイリ原発事故で爆発した四号機には約百九十トンのデブリがあると報告されたが、強い放射線を放ち続けているためデブリの取り出しができていない。このため原子炉をコンクリート製の「石棺」で覆ってきたが、老朽化のため新たなアーチ型シェルターを二〇一六年に建設した。

デブリが留まっている格納容器内に立ち入れないのは福島にしても同じで、東京電力は二〇一七年二月、福島第一原発二号機の原子炉格納容器内の放射線量が毎時六五〇シーベルト（推定）に達すると発表した。一分足らずで死亡する高レベルで、デブリが圧力容器の一部を破って溶け落ち、広範囲に飛び散っている可能性が高いとみられる。一号機から三号機の廃炉作業の道のりは険しくなり、想像を絶する時間と費用がかかるのは避けられなくなった。原子炉建屋の地下に溜まった高濃度汚染水を封じ込める作業にしても、凍土壁を造るなどしたものの、足踏み状態にある。

チェルノブイリにしても福島にしても、原子炉施設に入り込めないのだから、廃炉を含めた作業は遅々としている。福島では仮設住宅から出ることができずに、避難生活を余儀なくされている人が少なくない。

原発事故で放出された放射線と放射性物質による健康への影響も懸念される。チェルノブイリでは小児甲状腺がんの多発をはじめ、多くの疾患が増えた。放射線による影響と認められているのは小児甲状腺がんにかぎられるが、臨床医の報告では事故後から呼吸器や肝臓や腎臓など種々の器官で障害や機能異常が増加している。

福島県は事故当時、十八歳未満の県民を対象に、甲状腺検査を続けている。二〇一七年六月の発表では百九十人が「悪性ないし悪性の疑い」と診断された。がんの手術を終えた百五十三人のうち良性結節は一人のみで、小児甲状腺がんは百五十二人だった。

原発事故による福島の惨状を、天上の森瀧市郎さんは、いかなる想いでみつめているだろうか――。

反核の父の胸中は、次女の森瀧春子さんが代弁している。父の遺志を継いだ森瀧春子さんは「核兵器廃絶をめざすヒロシマの会」共同代表、「核兵器廃絶日本NGO連絡会」共同世話人、ICBUW（ウラン兵器禁止国際連合）運営委員、「NO DU（劣化ウラン兵器禁止）ヒロシマ・プロジェクト」事務局長など、反核平和市民団体の要職を務めており、福島の原発事故について次のように語った。

「衝撃でした、私たちは何をやってきたのか、深く考え直すべきだと痛感しました。核被害の入り口であるウラン鉱山の採掘現場の被曝者、広島や長崎の被爆者、そして核被害の出口にあたる劣化ウラン兵器による被害者の窮状を訴えて、これ以上の核被害者を増やしてはならないと運動してきたのに、福島で核被害者を出したのです。私たちの反核運動とはなんだったのか、と慙愧《ざんき》にたえません」

きっと反核の父も、天上で慙愧にたえない思いを懐《いだ》いているにちがいない。

福島の原発事故を目の当たりにしてから、森瀧春子さんはこう明言する。

世界各地で、核開発による核被害の犠牲に直面したとき、核権力は弱い立場の民衆に抑圧と差別を押しつけている、と私は深く認識させられました。核兵器廃絶は原発廃絶と切り離しては成立しません。

本書では、被爆の哲学者が「核と人類は共存できない」との志念を掲げるまでの歩みをたどり、さらには娘へと引き継がれた「核利用サイクルの廃絶」を目指す活動を追跡した。反核の父と娘の二世代を通じて浮き彫りにされたのは、ヒバクシャを生み出してきた核軍拡と核利用の実態であり、そこから人類への警告をくみ取ることができる。核の問題は、ひとえに人類の問題である。

森瀧市郎さん、春子さん

第一章　「力の文明」の対極に「愛の文明」

郷里が育んだ反核の哲学者

広島県北部の中国山地に、かつての「君田村《きみたそん》」を訪ねた。江の川の支流にあたる西城川、萩川、神野瀬川が流れ、小高い山々に囲まれた広島県双三《ふたみ》郡君田村は、二〇〇四年に三次《みよし》市に新設合併している。だが中国山地の奥深くに抱かれ、南北を川が流れる「君田の里」は消えていなかった。山と川と田畑のなかに、今も人々の営みが続いていた。

原水爆禁止運動のシンボル的存在だった広島大学名誉教授で哲学者の森瀧市郎さんは、この君田村で一九〇一年四月に生まれた。一九九四年一月に九十二年の生涯を閉じるが、森瀧さんは一貫して「核と人類は共存できない」と主唱している。この志念から、森瀧さんは核兵器や原子力発電などの核エネルギーを「絶対的に否定」した。核による「力の文明」を否定しなければ人類は滅びる、と森瀧さんは切なる願いから警告を遺したのである。

核と人類は共存できない――。

この志念はいかようにして生まれたのか、その源流をたずねるにあたり、生まれ故郷「君田村」に足を運んだ。手にした文庫本『ガンジー　インド独立の父』の冒頭に出てくる次の一文に、背中を押されたことによる。

〈マハートマ・ガンジーは、一八六九年十月二日、インド西海岸のグジャラート州カシュアワール地方ポルバンダールに生まれた。ポルバンダールは、日本風にいうと、古い城下町で、街はばは狭く、市場が密集して、まわりには分厚い城壁をめぐらし、遠くからもそれが目立ったので、「白い街」とも呼ばれた。誰しも小さい時の家庭の環境や、生まれ故郷の風土から、強い影響をうけるものだが、ガンジーの場合も、その例外ではない〉

ガンジーの非暴力主義にならって、核実験のたびに抗議の座り込みを続けた森瀧さんは、中国山地の「君田の里」で育った。農業を営む一家は祖父、祖母、父、母、姉、兄、次姉、そして末っ子の森瀧さんの八人家族だった。山の寂しい農家ながら、家族は優しく温かく愛情に満ちていた。

森瀧さんは、幼い頃、発熱を繰り返した。父親が額に手を当てて「焼けるように熱い」と声をあげると、一家をあげての看病が始まる。祖父は薬行商の「富山の置き薬」から解熱剤を選んだ。熱にうなされると、母親は夜を徹して抱っこをする。病気が長引くと、父親は手製の竹筒に山百合を挿《さ》し、枕元に芳香を流した。長姉はイチゴなど季節の食べ物を山から運んだ。家族の誰もが一心であった。

中学に入ると、森瀧さんは近視が急に進み、両親を心配させた。ある日、父親が真顔で、森瀧さんに言った。
「母さんは、おまえの目のために一畑のお薬師様に願をかけ、自分の目はどうなってもいいから、市郎の目を守って下さいとお祈りをしている。おまえが知らずにいて、罰《ばち》が当たってはいけないので、父さんは言っておくのだ」

幼い森瀧市郎さんを抱く母親（1902頃）

島根県出雲市の一畑薬師は「目のお薬師様」として知られ、森瀧さんの近隣の村に分霊が祭祀《さいし》されていた。母親はそこまで足を運んで切々と祈った。その当時、「一畑詣《まい》り」といえば、沿道の人たちは喜んで喜捨してくれたという。森瀧さんの母親が祈る姿を想像するにつけ、私にはガンジーの母親と重なる。というのも前出の『ガンジー』に次の一節があるからだ。

〈ガンジーの母はコチコチの宗教家ではなく、いつも慈愛と優しさにあふれていた。家の者が病気などすると、夜も眠らないで看護するのは、母の仕事であった。朝になると、ガンジー家の古い門の所に、たくさんの貧しい人たちが、時には二十人も三十人も物乞《ものご》いに集まってきたというのも、そういう母のやさしい愛情と、けっしてほどこしを断らない、母の慈愛にみちた気質を知ったうえでのことであったろう〉

ガンジー自身が語っているように、母親は彼に強い影響を与えた。それは森瀧さんも同じだった。次女の春子さんは「自分の母のことを話すときの父は声が大きくなり、目を輝かしていました」と振り返る。

この母ありて、この子あり——であったが、森瀧さんが敬慕していた母親は一九二三年に五十五歳で他界する。森瀧さんが広島県立三次中学（現三次高校）から広島高等師範学校に進学した二年後のことだった。森瀧さんは強い衝撃を受け、このときのことを恩師との出会いをまじえて、次のように述べている。

「三次中学在学の最大の意味は、恩師大井義雄先生との出合いにあった。この恩師なくして私の一生は考えられない。私の両親も大井先生を心から尊敬信頼していた。母は山のいちごをもって大井先生を訪ねたことがある。「君のお母さんはえらい人だなあ」と先生は、事ある毎に私の母をほめた。

その母が、広島高師在学の半ばで亡くなった。私ははじめて人生の悲哀に出合い、すっかり弱りきってしまった。そこで大井先生は、高師卒業とともに母校三次中学に奉職し、大井家に起居することを切にすすめられた。母亡きあと、大井先生夫妻が万事親代わりのように愛護してくださって、私は青春の危機をのりきったのである」

三次中学三年生の頃（左端）

かように、郷里の人たちは慈愛に満ちていた。もちろん、それだけではない。森瀧さんが育った君田の里は、深い自然にも恵まれていた。村を流れる谷川について著書にこう書いている。

「ふるさとの谷川には幼い日の思い出がかぎりなくつながる。水辺にととぼ（ねこやなぎ）の白い芽がめぶく頃には雪どけの水かさがまして流れの音が高まる。それに張合うかのようにしょうとんどう（ほおじろ）が生垣でにぎやかに鳴く。春のおとずれはうれしかった」

夏になれば、子どもたちはこの谷川で泳いだ。このとき森瀧さんは上級生にならって一つの作法を守り通している。水に入る前に必ずおしっこをするのだが、川の流れにしてはならなかった。川のほとりの水田に入っても、水田にも水があるので、罰が当たらないように「すいじんさん（水神様）の目に入りませんように。ぬすっと（盗人）の目に入りますように」と唱えた。

森瀧市郎さんが生まれ育った生家
（広島県三次市君田町、2014 年 9 月撮影）

水神様に、おしっこのお詫びをする呪文《じゅもん》であった。二人並んでおしっこをするときは、声をそろえて唱える。村の子どもたちは誰もが、この作法に従っている。

君田村には深い山林もあった。郷里の山々について、著書で述べている。

「ふるさとの山々にも幼い日の思い出はかぎりなくつながる。春の山の蕨《わらび》採り、秋の山の茸《きのこ》狩り、冬の山の薪《たきぎ》採り、夏の山の柴《しば》刈り、四季それぞれのおとなのいとなみに、子どもの子どももなりに参加できて、けっこうたのしかった」

子どもたちは自在に山で遊べた。ただし、一点だけ厳重な戒めがあった。火遊びの厳禁である。森瀧さんの祖母は「山火事を出したら七代うかばれないのだよ」と口癖のように言っていた。森瀧さんが「なぜ七代も貧乏をするの？」と訊《たず》ねると、祖母は孫の森瀧さんにこう説明している。

「山には何千、何万の虫けらがいるだろう。山火事を起こしたら何千、何万の虫けらが焼け死ぬではないの。そんな殺生なことをしたら、七代も貧乏するはずだよ」

山火事の罪悪を殺生に結びつけて祖母が諭したのは、「君田の里」に仏教の「不殺生《ふせっしょう》戒《かい》」が深くしみこんでいたからにほかならない。森瀧さんは晩年、次のように書き残している。

中国山地で谷川の清流に遊ぶ幼き日の敬虔《けいけん》さを思う時、私は、産業開発の名で河海を汚染し、核開発の名で広大な太平洋をも放射能で汚染するものへの、七十翁のおさえがたいいかりの源にかえるのである。（中略）原爆後、私は「慈の文化」を叫び、シュバイツァーの「生命への畏敬《いけい》」に心から共鳴した。しかしそれは幼い日の祖母の教えとどれだけのちがいがあるであろうか。

この一文に重なるのが、九十二歳の生涯を閉じる直前に書いた年頭所感だろう。末期の胃がんのため震える右手に懸命の力を注いで、森瀧さんは〈いのちとうとし　人類は生きねばならぬ〉と筆を走らせた。〈核と人類は共存できない〉と表裏一体をなしており、いわば森瀧哲学の原点である。

ともあれ郷里は、母親をはじめとする家族や恩師の慈愛に包まれていた。そして郷里の自然は、生きとし生けるものへの畏敬の念を、森瀧さんに植えつけたのである。

こうして成人した森瀧さんの人格に襲いかかったのが原爆であり、そして原発だった。それゆえ森瀧さんは生き方を通して、核を絶対的に否定した。

では、森瀧さんと原爆との遭遇はどうであったのか。一九四五年八月六日の朝に、歳月の針を戻したい。

右目に突き刺さった原爆のガラス片

米軍により広島に原爆が投下されたとき、一九四五年八月六日午前八時十五分のことであるが、森瀧市郎さんは勤労動員学徒を引き連れて三菱造船江波造船所にいた。爆心地から約四キロの距離だった。

森瀧さんは京都大学文学部哲学科から大学院に進み、一九三一年四月に大学院を修了して広島高等師範学校の教授に就任していた。この年の九月に満州事変（柳条湖事件）が勃発している。日本がアジア・太平洋戦争へとひた走るなかで、森瀧さんは教授として学生の指導と研究生活に勤《いそ》しんだ。

しかし学問の場も戦争に組みこまれ、運命の八月六日、四十四歳の森瀧さんは動員学徒の派遣隊長を命じられていた。妻のしげさんと三人の子どもは中国山地・君田村の生家に疎開し、長男は集団で学童疎開しており、森瀧さんだけが終日、約百人の学生と行動を共にした。

江波町の造船所には、宿舎のある宮島から船に乗って通った。船には救命筏《いかだ》の代用として板材を積み込んだ。米軍の潜水艦から魚雷攻撃を受けたときに備えてのことであるが、米軍がそこまで来ていたことをうかがわせる。それほど戦局は悪化しており、救命筏が手に入らないほど日本の物資は欠乏していた。

その日の朝、森瀧さんは造船所に設けられた教官室で、日記を書き終えたところだった。前日の出来事を毎朝、ノートに記録するのを習慣にしていた。八月五日の日記に「竹槍《やり》五百本作製の事」と「特殊船製造命令来たりし由。銃剣道の稽古《けいこ》行われ学徒の士気上がる」の記述がみられる。竹槍は学生の訓練用で、特殊船は特攻に使う「人間魚雷」である。

後年、大阪府枚方《ひらかた》市立枚方小学校で「ヒロシマの原爆」と題して講演し、森瀧さんは被爆する前日の日記の内容について、講演記録集によると、次のように説明している。

みなさんに正直な話をしなければならないのですが、八月五日の日記を六日の朝書いているのですよ、原爆が落とされる三分前か五分前です。だけど、落ち着いていて、そのころ私は筆で日記を書きましたが、きれいな字で十五行ほど書いていています。その中にね、もう恥ずかしくてお話にならない事を書いているの。どういうことか言いますとね、「竹槍五百本作製の事」と書いているのです。おかしいでしょう。

そのころは、アメリカが落下傘《らっかさん》部隊で来たとき、一人が一人でも突き殺さなきゃあかんのだということで、町では誰もが竹槍訓練をしていたんです。それで労務課長が「もう学生にも竹槍の訓練をやらなきゃならんと思いますので、竹槍を五百本作っていただけませんか」と言ってきたのです。そこで私は「竹槍五百本作製の事」と書いているのです。

恥ずかしいじゃございませんか。人類の歴史を二つに分けるほどの原子爆弾、それが落とされようとする三分前か五分前に、「竹槍五百本作製の事」と書いているのですから、もう恥ずかしくて、僕は永年、その日の日記の事をよう話さなかったですよ。そんな頭しかなかったの。私のような年齢の者が、あの戦争時代の一番働き盛りの人間ですから、日本をあんなひどい目にあわせてしまった。

あんな大まちがいの戦争をやってしまった、一番責任を感じなければならない年齢層なのです。

いわゆる「お国のために」ということで一生懸命やっていまして、それが非常にいけないまちがったことを、やってしまったんだということを、残念ながらそのころ私にはわかっていなかった。正直に申します。（中略）六日に書いた日記には「所長と語る」というのがあってね、その中に「特殊船製造命令来たりし由」と書いているのですよ。どういうことかと言いますと、特殊船を製造せよという命令が来ましたということです。特殊船――恥ずかしいことではございませんか。今日の言葉でいいますと、人間魚雷のことです。もうどうにも仕方がないから一人の人が特攻隊といって、一つのオンボロ飛行機に乗って、爆弾を載せて行って、むこうの軍艦にあたって死ぬんですよ。

海では、特殊船というのは特殊潜航艇のことです。人間魚雷つまり一つの小さな潜航艇の前半分に爆弾、後ろ半分に操縦席があって、それでそのまま敵の軍艦にあたるのですから、人間魚雷というのです。魚雷とは魚形水雷のことで、そういうことを書いているのです。

武器がなくても、なおも戦おうとする日本軍に対して、米軍は原爆という大量破壊兵器を使った。午前八時十五分、森瀧さんはマグネシウムが光ったような閃光を見た。その瞬間、ガラス片が右目に突き刺さった。ガラス片は顔中に刺さり、鮮血が流れ落ちた。

森瀧さんは激痛のはしる右目を押さえ、学生に導かれて造船所内の診療所を訪ねる。診療所は破壊しており、医師も負傷していたため、オキシドールを浸した綿片で右目を押さえるのがせいぜいの処置だった。このあと森瀧さんは貨物自動車で重傷者と一緒に市内の病院に向かう。

このときの様子を描写した森瀧さんの日記は学生が口述筆記をし、『さいやく記』(昭和二〇・八・六〜八・一四)と題して『広島県史　原爆資料編』に収録されている。一部を漢字まじりの現代表記にして引きたい。

[六日(月)　然るに江波の町屋家屋破壊し、道路進み難く付添の西山君等道路の木材等を取り払ひては車僅《わずか》に進む。車漸《ようや》く舟入本町辺りまで進みたれども道々重傷者多く已《すで》に死体の倒れたるあり。道路の両辺既に火災を起し、火炎ものすごく、熱風耐へ難《がた》し。行手煙に包まれ既に車進み難く引返す。此《こ》の時已に火事特有の旋風起り、熱気耐え難し(此の時

若《も》し自動車に引火せんか、或は故障せんか、焼死せし）。自動車漸く所（江波造船所）に帰る。暫《しばら》く学徒教室に憩《いこ》ひ、漸くにして救急所に収容さる。結城限科医診察し右眼失明覚悟を申し渡さる。眼部にホウタイを施され、救急所一部に禅《ぜん》を組みて坐《ざ》す。暫くありて所長、福永中佐等見舞に来る。学徒数名西山、金子、藤原（腕部重傷）我を守り、流れたる血潮等拭《ふ》きとりてくる。

午後に至り、学徒の手にてタンカにて学徒教室に連ばれる。此の時より気弛《たる》みし為か立つ能はず。自分の右には県商斉藤教諭横たわる。腹部内出血なり。（数日後逝去）。尚、同室に多くの重傷者呻吟《しんぎん》して物凄《すご》し。所長再び見舞に来る。此の頃漸く激痛を感ず。午後三時、急に江波丸にて寮生一同と共に宮島の寮に送り返さる。上陸して学徒は平常ながらに動員歌を歌い余はタンカにて行く。町の人々案じ迎ふ。寮の人々に驚き迎へられて病室に落着き氷にて右眼を冷す。如何なる故か嘔吐《おうと》を感ず。中丸医院看護婦来り、眼部にホウ酸湿布をなし化膿《かのう》止め注射、葡萄糖《ぶどうとう》注射をなして帰る。

夜学生諸君こもごも徹宵《てっしょう》看護、氷にて患部を冷やす。蓋《けだ》し化膿せんことを恐れてなり。医者の恐るゝこと二つあり。一は化膿なり。一は交感性眼炎なり。何《いず》れの場合も早く剔出《てきしゅつ》せざれば左眼も駄目になるなり。此の故に学生諸君必死に冷やしてくれたり」

救急所の眼科医は、森瀧さんの傷ついた右目が化膿しないか、交感性眼炎にならないか、この二点を恐れた。いずれの場合も、右目を摘出しないと左目も失明するからである。

このため学生たちは造船所の所員に製氷所を紹介してもらい、米俵に包んだ氷を懸命に運んだ。二時間ごとに氷を取り替え、森瀧さんの右目を冷やした。当時の看護記録に〈体温、氷嚢《ひょうのう》、点眼、硼酸《ほうさん》シップ、氷枕〉とあり、それぞれの時刻と当番学生の名前が記入されている。彼らの手厚い看病によって、森瀧さんの右目は化膿しないで済んだ。

残された左目に映った広島の惨禍

その二日後、森瀧さんは学生に背負われて船に乗り、江波桟橋から自動車に乗り換えて広島赤十字病院を目ざした。『さいやく記』に次のように書き留めている。

「八日（水） 明治橋のたもとに死体約三十ばかり並びて日赤に至る。正門より入るに負傷者瀕死《ひんし》者むらがりて呻吟の声ものすごし。自動車裏手に回る。ここは兵隊の収容所なりと。光安君交渉に行きたれど此の病院の医者看護婦はほとんど傷つきて主として山口県より応援の者にて様子わからず。又医療の室も破壊散乱のまゝにてそれが片づくまでしばらくまてとの事。自動車より下ろされて芝生の上にしばらく仰臥《ぎょうが》す。臭気を感ず、二間ばかり離れたる所に兵隊の死体そのまゝになり居るなり、苦痛を訴える声聞こへ来たりて聞くにたえず。

学校より三川〔伯美〕書記来りて交渉し、校医浅川氏診察する事となる。此の時までに到着せし学生数名（西山、熊崎、吉田等）余を表玄関より運ぶに死体及瀕死者満々《みちみち》て、ふみこへんばかりなり。浅川氏一応診察しホウタイをほどこして、崩れ残れる一病室に移る。此の時空襲警報出づ。依って西山君余を背負って地下室に至る。ここにも死体と瀕死者とうめき居りて、臭気たへがたし。浦氏はせ来りて、直に学校のくずれ残りし一室に移れと命ず。学校に移さる。総監室の下の小使室《こづかいしつ》わずかに残る。ここにひとまず落ち着く。学生諸君にまもられて半日をすごしたれど、此の廃墟にてとうてい数日を過すべからず。依《よ》って再び宮島に帰る事となり光安君連絡の為造船所に帰る。

永原君（同僚の教授）の死体明治橋の所にて見つかりたりとて、造船所より応援に来たりし学生死体収容に行く。なお造船所より応援に来たれる学生は、付中一年生約二十名が農園に行くとて南門を出づるとたんに遭難せし死体を発掘に行きて三箇出せりと。なお本校寮に残りし〔被〕養護者四十名ばかりも遭難せし模様。疎開作業の為県庁付近出動整列中の男女中等学生数千名が犠牲となりしは最も悲惨なり。一中二中の一年生授業中に校舎倒壊して相当数犠牲がありと。造船所より迎えの車至る。看護の学生諸君と同車。須川事務官至りて見舞を述べ、かつ学園防護隊を送りし事に付いて謝意を述ぶ。

学校をさるに及んで苦痛をしのびて左眼を開いて瞥見《べっけん》するに、惨憺《さんたん》たる焼野原なり。舟入本町に道路東側には重傷者仮収容所もうけらる。車、所に帰り営繕課に収容さる。此処にても重傷者の呻吟の声は絶へず、学生諸君に手あつく看護されて心強し。玉樹診療所長及猪口労務理長見舞、診療所看護婦に洗眼してもらふ。学生諾君にようせられて舟にて宮島に帰る。夜多少の熱を発せしも大事に至らず」

学生の手厚い看護は、森瀧さんの日頃の接し方によるのだろう。彼らは肉親と同様に森瀧さんの快復を望んだ。深い傷を負った右目は一時、指先をぼんやりと認めることができたものの、八月十四日にはほとんど見えなくなった。森瀧さんの容態と内面の吐露を『さいやく記』から読み取ることができる。

「八月十二日　昨夜も徹宵看護を受く。朝帰省する者、五十人余り、其の後は静かなり。中丸氏来診、眼瞼《がんけん》の傷は殆《ほとん》ど癒《い》えたりと、眼球の傷はなお癒えざれば経過を見る必要ありと。今日右眼にて始めて視力をためす。僅かに自己の手の指を近接して、おぼろげながら之を認む。今日中食より始めて左眼を開きて用ふるもさほど右眼にこたへず、便所にも独力にて行き得るに至る。警報出でて導かれて裏の防空壕に入る。けだし新型爆弾を用ふる恐ありとのラジオの警告あるによるなり。しばらくして解除。寮に残りし三十有余名の学生諸君此の後も手をつくして看護してくれる。

八月十三日　昨夜も徹宵看護を受く。気分よろしけれど右限の視力を試みて暗澹《あんたん》たる心地す。人間の欲には限りなきと云《い》ふべきか、右眼失明覚悟の時はさして問題にならざりしに視力或《あるい》は多少の回復を見るにあらずやと望《のぞみ》を嘱《しょく》するに至れば視力還《かえ》らざるをうらみとするなり、命かえらざる同僚すらあるにと思へば何でもなき事なれど。錦水の女将《おかみ》、亀福の女将と共に見舞に来る。白木氏登校して此の数日学園応援に登校し得ざる事情を述ぶ。白木氏報告によれば余の就床中浦氏隊長代理となり吉岡氏新たに隊教官付として来らるゝ由、蓋《けだ》し余をして安心して療養せしめんとの学長の親心なり。

八月十四日　中島光洋君工場連絡に行く。敵大型編隊来襲二回退避す。徳山及び江田島に投弾せし由、今日久々にて病室より教官室に帰り久しく憩ふ。二度病床に就き『夜明け前』を読んで貰ふ、半蔵新婚の箇所なり。今日右眼の視力をためすに却って減退、自己の手をも殆んど認め得ず、彼此《ひし》思ひ、やゝもすれば気弱らんとす。久々にて新聞を読んで貰ひ再起奮闘決意す。今日関東地区へは延べ八百機来襲の由、我が特攻隊、敵機動部隊を襲ひ空母一隻巡洋艦一隻大破炎上の由、日ソの戦闘状態は依然詳報なし。夕方にて体を拭《ふ》いて貰ふ」

三菱マークの入った便箋《びんせん》に、森瀧さんの言うままに学生たちが鉛筆で書き取った『さいやく記』は森瀧さんの被爆の記録であり、広島原爆の貴重な証言記録でもある。

原爆と敗戦の深い傷痕

原爆で右目を失った森瀧さんが、家族の待っている生家の君田村にたどり着いたのは、終戦の放送が流れた後の一九四五年八月二十日のことだった。妻のしげさんによると、家族が君田村に疎開した経緯は次のようである。

〈たまたま所用で我が家を訪ね一泊された中川さん（夫の亡き親友の未亡人）が、夜半の空襲警報で二階から下りてきて私達と一緒に防空壕――といっても、その壕は床下を掘り下げたものに過ぎなかった（裏庭の壕は水がたまって、使用不可能になっていた）――に避難するという、田舎の人のめったに遭われぬ経験をされ、翌朝早くに「こんな危ない所に子供さんを置くわけにはゆかない、三次の私の家まで連れて帰っておくから、御郷里に連絡して連れに来てもらって下さい」と言われ、その頃の混雑を極め乗り込むのも困難だった汽車に、まだ学齢前の下の子供を乗せて、連れて帰って下さった。（中略）その直後から、かねて夫のもとに出入りしていた高橋という学生さんが、毎日のように、どのようにして抜け出すことができたのか、その学徒動員先からしばしば仲間の学生さんたちを連れて、私達の家に来て、荷物の片付け・荷造りの仕事をして下さった。中川さんといい、高橋さんを初めとする学生さんたちといい、いずれも夫のゆかりの人たちであり、私にとって忘れてはならない人たちである。疎開の作業は急進捗し、夫が知人から都合をつけてもらったトラックに荷を積んで、夫も動員先から帰ってきて、いざ出発というそのとき、またもや空襲警報となった。高橋さんや応援に来て下さっていたもう一人の学生さんともども、床下の防空壕にひそみながら、これで二人の子を田舎に残して荷物もろとも果ててしまうのか、と思ったことである。夫は荷物の上に乗ってトラックで郷里までゆき、最後に残った私と長女とは、翌日、その君田村に帰ったのである〉

（『森瀧市郎先生の卒寿を記念して』に所収の「我が夫を語る」から）

中川さんに連れられて一足早く疎開した次女の春子さんは「汽車は満員でしたので、窓から押し込められたのを覚えています」と振り返った。

さて、被爆の身を引きずって君田村に着いた森瀧さんだが、長女の安子さんは手記集『原爆の子』に次のように寄せている。当時小学四年で、手記を書いたのは高校一年のときである。

〈原子爆弾のため私の家が受けた被害は、広島市民の一人として見るなら、それは取るに足らない被害です。工場に働く動員学徒の指揮者として、広島に残っていた父の他は、二十年四月には、沢山の荷物とともに、広島市から二十里も離れた田舎の郷里に四人疎開し、当時中学一年の兄は学校とともに、私達の住む田舎より、もっと奥に集団疎開をしていたからです。（中略）二十年八月六日、この村にも広島市に原子爆弾が投下された事が伝えられました。それ以来私達の聞く広島の情景は、まるで想像もつかないものでした。私達にとって、なにより父の安否が心配でした。それは父たちが学生をつれて、一番危険性の多い軍需工業地帯にいたからです〉

安子さんが森瀧さんの姿を認めたのは、三歳下の春子さんらと近くの川で水泳を楽しみ、土手を駆け上がったときだった。

〈道の向こうから、片一方の目を繃帯《ほうたい》でぐるぐる巻きにした父がステッキをたよりに歩いて来るではありませんか。その時の私達がどんな風だったか、どうやって父を家まで連れて帰ったかは、はっきり憶えておりません。けれど顔を繃帯でぐるぐる巻きにして、片方の目だけをたよりに杖《つえ》をつきながら、道の向こうからやって来る父の姿は、今尚私達の眼の中に焼きつけられております。それはその後私達の心の中に、月日がたてばたつ程、意味深く、濃くやきつけられていくことは、ここ数年間の経験で推し測れることです〉

父と子の再会の光景は、想像して余りある。

〈父は原爆の為に片眼を失いました。私達の両親の四つの眼は三つになってしまいました〉。

森瀧市郎さんと子どもたち。左から次女春子さん、長女安子さん、長男健一郎さん（1941年頃）

安子さんは〈しかし双眼を失ったのとは無限の差があります〉として、父親の森瀧さんから聞いた広島の惨状を書き留めている。そのうえで、高校一年の安子さんは『原爆の子』で訴えた。

〈世界の永久平和は、戦争を徹底的に放棄しない限り、決してやっては来ないと信じます。戦争によってたとえ一応は解決がついても、それは又次の戦争の段階となるに過ぎません。（中略）主義主張を飛び越えて全世界の一人残らずが、世界の一人一人に人格の尊敬と愛の念をいだき、一かけらの武器もない永久平和の世界を作って

行こうではありませんか〉

一方、森瀧さんは故郷に帰って休心する。敬慕していた母親は鬼籍《きせき》に入っていたものの、やけどを負って伏していた父親は、息子の生存をとても喜んだ。妻のしげさんは傷ついた夫の右目を案じながらも、生きて再会できたことを感謝してやまなかった。森瀧さんは日記に書いている。

［家人に迎えられて家に着く。父上、先日山にてやけどなされてご就床中。我の生きて帰りしを限りなくよろこび給う。静かに横たわりて父上の顔を見、家人の顔を見てあれば、かの災厄の日、かの終戦の日より苦しみもだえぬきし心身急に軽くなりて、一切より救われし感あり］

森瀧さんは郷里の人々の見舞いを受けるたび［ただその情味によみがえる思いす］と感激を新たにする。日記は［郷土の山野、古老、昔ながらの情なれど］とある。続いて［敗戦の悲しみはくまなくとざすなり。原子爆弾症にて死に行く人々続々生ず］とも記している。

原爆と敗戦の深い傷は、山の村にも色濃くしみこんでいた。中国山地を走る芸備線沿いの学校や寺院は被爆者の収容所となり、重軽傷者が身を寄せた家々も数多くあった。

森瀧さんが「フーさん」と呼んだ知り合いの房次郎さんは、被爆後に頼ってきた遠縁の女性を老夫婦で介抱していた。原爆放射線の何たるかもわからなかったこともあり、房次郎さんは「ガスを吸うとるもんですけえ」と、森瀧さんに言った。まもなくして彼女は髪が抜け、歯茎から血を出し、高熱にうなされて死んだ。郷里の山里にあっても、森瀧さんは原爆の底知れぬ「魔力」をまざまざと見せつけられた。

同僚や子らの死に深い悲しみ

敗戦を迎えた一九四五年の八月が過ぎて、中国山地の村は九月を迎えていた。森瀧さんは郷里の君田村に落ち着くと、自身のことにも増して、その後の広島が気になった。

九月一日、森瀧さんは妻のしげさんに「広島の様子を見て来てほしい」と頼んだ。勤務先の広島高等師範学校や同僚のことも知りたかった。しげさんは広島師範学校付属中学一

1930年、京都帝国大学卒業の頃の森瀧市郎さん

年の長男・健一郎さんを連れて広島に出た。

帰って来たしげさんの報告を聞いて、森瀧さんは愕然《がくぜん》とする。同僚や顔見知りの子どもたちの多くが被爆死していた。

たとえば――しげさんが生まれ育った実家のあった付近は爆心地に近く、あたり一帯は廃墟と化していた。ちなみにしげさんの父親、西晋一郎さんは東大哲学科を卒業後、広島高等師範学校と広島文理科大学の教授として倫理哲学を教えた。「東の西田幾多郎、西の西晋一郎」と言われ、日本の哲学学会をリードした。『実践哲学概論』『東洋倫理』など多くの著書を出している。京都大学で学び、広島で教職に就いた森瀧さんは「両西」に師事し、西晋一郎さんとは師弟から父子の関係になっていた。

さて、しげさんは師範学校の焼け跡で、森瀧さんの同僚教授に出会う。このO教授は母親と妻と妹を原爆に奪われ、息子は大やけどをし、自身も負傷したが気丈《きじょう》にも出勤していた。

しげさんはO教授から、森瀧さんの恩師にあたるT教授の死去を知らされた。無傷で元気に見えたが、みるみる衰弱して一週間で亡くなったという。水泳の達人で知られたT教授も急性放射線症には克てなかった。

森瀧さんは、同僚の非命はもとより、子どもたちの死を深く悲しんだ。前出の「ヒロシマの原爆」と題した大阪府枚方市立枚方小学校での講演で、この点に触れている。


その同僚は、お嬢さんを捜しておられた。お嬢さんは亡くなられた。お嬢さんは、私の長男の附属小学校のクラスの友だちで、そのクラスの女のお子さんは十九人で、そのうち疎開した五人しか助かっていないのですよ。それからその奥さんね、実に立派な美しい方でしたけれども、ひどいやけどをなさってね、首を歪《ゆが》めたまま焼かれておられる。だから世間が恥ずかしくて、友人は農学の先生でしたから山奥の農場の係になって行きました。私は訪ねて行きましたが、私ね、顔をよう上げなかった。見られなかったですよ。それから私の友人の農学の先生は、放射能の影響で、いつも病身で難儀《なんぎ》をしております。

皆さんのようなお子さんや若い中学生、そのころで言えば女学生、今日の中学生・高校生などの若い人たちが、広島でたくさんたくさん亡くなりました。

その日、動員されて働いていた中学生や女学生のうち一年生と二年生だけで八千五十人です、亡くなりました。ボォーと燃えあがる火の中を避けて、みんな水の中へ入っていった。入ったままで、川の中で弱って、浮かんで、流れて……。今は、皆さんが広島へいらっしゃいますとね、大きなビルが建っています、道路の幅は広くなっています、公園の木もだいぶ大きくなっています、川もきれいになりましたけれども、その川へ、子どもさんや大人も飛び込んで死んだのです。死体でいっぱいの川だったのです。三日目に学生が私を連れだしてくれたとき、舟に乗りましたが、舟に死体を積んで海まで運び出しているのを、ずいぶんと見ました。

森瀧さんは顔見知りの子どもたちを思い浮かべては心を痛めた。著書によると……N教授のお嬢ちゃんは「活発なまるっこい顔の子だった」。T教授の娘さんは「端正な顔をした嬢ちゃんであった」。S教授の娘さんは「怜悧《れいり》な目をした嬢ちゃんであった」。森瀧さんは川面を揺らいで流れる灯籠《とうろう》を見るにつけ、「残った左の目に浮かんでくるのは、亡き子どもたちの幼きままの顔である」と述べている。

ところで廃墟の広島に入ったしげさんだが、そこで亡霊のように虚脱した人たちに出会った。夫の森瀧さんはこう聞かされた。

「広島では今、妙な挨拶《あいさつ》が交わされています。人が会うと、あなたはまだ髪は抜けていませんかと言うのです」

森瀧さんは「まるで、死の挨拶ではないか」と肝《きも》をつぶした。

髪が抜け始める、歯茎《はぐき》から血が出る、そして血便と高熱の症状へと続く死に至るプロセスであった。人々が日常的に死の挨拶を交わしている——視力の残る左の目で、原爆を落とされた二日後の八月八日に見た「地獄絵」にも増して、このことは終末的な恐ろしさを伴い、森瀧さんを襲った。

森瀧さんは「しかし「死の挨拶」は過去のことではない。「遅れた死」を負って生きる被爆生存者への不安がつづく限り、死の挨拶はつづいているのである」と書き留めている。

戦争は「力の文化」の必然的帰結

それは中国山地の静かな農村地帯のなかで、ひときわ大きな屋敷を構えた眼科医院だっ

左より森瀧市郎さん、長男健一郎さん、長女安子さん、しげ夫人（1937 年）

た。原爆で右目に致命的な負傷を負った森瀧さんが、この眼科医院に入院したのは一九四五年九月九日のことである。

眼科医院は広島県双三郡吉舎町（現三次市）にあり、森瀧さんの郷里・君田村から約二十五キロ離れていた。森瀧さんは「ともかくも落ち着きて静臥《せいが》す。入院の患者、夫人たち親切に手伝いくれて心落ち着く」と日記に書いている。

この眼科医院には、森瀧さんと同じように広島原爆で一眼を奪われた母と娘が入院していた。二人は失意の底から抜け出たようで、母親は森瀧さんに冗談めかして言った。

「私たちは親子二人で、やっと目が二つです」

母親は傷つけられた眼球を摘出していた。片眼を負傷して交感性眼炎になると、正常な目も失明する恐れがあった。一方、森瀧さんは戦々恐々と警戒しながらも、未練があって摘出せずに残った左目を生涯守り通した。

　森瀧さんが入院中、妻のしげさんは食べ物を手に入れるのに苦心している。自分は食べなくても、子どもたちに食べさせようと懸命だった。ビタミン不足から脚気《かっけ》にかかり、毎日注射をしていた。

　森瀧さんは日記に、こんな決意を残している。「かくまでにしのびてつよき妻しあれば、われひとすじに生きんとぞ思ふ」。そんな森瀧さんにとって、中国山地の大自然は哲学の場にふさわしかった。

　入院先の眼科医院から散策に出ることが可能になると、森瀧さんは秋の野に出て、黄金色に染まった稲田を貫く道を歩いた。原爆で右目の視力をなくしたが、森瀧さんの左目は佳良であった。大自然と語り合うにつけ、森瀧さんは現代文明に懐疑の目を向ける。


　あの恐ろしい原爆惨禍の状況を思い浮かべながら、私はこんな恐るべき兵器を作り出すようになった近代の文明は同じ方向をとり続けてもよいのか、同じ方向をとりつづけたら人類は自滅するよりほかないのではないか。何かちがった新たな文明の方向はないのか。このような、素朴な、しかし真摯《しんし》な文明判断をいだいたのであった。こんな思索の結論として、私は近代文明を「力の文明」として批判せざるを得なかった。

続けて森瀧さんは「力の文化」を指弾する。

力の文化は、その中に征服的意欲をひそめ、弱小民族に自己の文化を押売りする態度があり、いわば文化的征服が行われて行く。しかし力の文化の尊ばれる世界においては、力の文化において優越する国家には必ずこれに対抗する国家が現れ、知力と富力との限りをつくす戦争が孕《はら》まれて来る。戦争は力の文化の必然的帰結である。

かくて「力の文化」においては、人間は科学知と科学技術との力によって自然力を駆使し人間に物質的便益をつぎつぎにもたらして壮大な物質文化をきづくものでありながら、その内に孕まれる戦争への準備のために、その科学知と技術と富力とを破壊力の発明と生産とにも向けて偉大なる武器をも作るのであって、自ら築いた壮大な物質文化を又自ら作った壮大な破壊力によって破壊するのである。

かくて人間の物質的幸福の無限の増進ということを理想として出発した近世の科学知が同時に破壊と窮乏《きゅうぼう》と悲惨とをもたらす道具にも用いられるのである。力は力によって亡びなければならず、力を崇拝《すうはい》し力におぼれる民族は力によって亡びる運命を荷負わねばならぬ。知力と富力とは今や原子力をも駆使し得る段階にまで来た。しかもそれは一都市を一瞬に破滅せしめ幾万の人命を一挙に葬ることの出来る破壊力として、その最初の姿を現したのである。

戦いと言えば世界が二大陣営に分かれるほどの大規模のものとなり、武器と言えば原子力や細菌が用いられるという段階にまで来た時に、人類の理性は今一度勃然《ぼつぜん》と目ざめなくてよいものであろうか。「力の文化」は徹底的に反省され批判されずにいてよいものであろうか。力をあこがれ、力を尊び、力による闘争的解決のみを求める人間の生活態度そのものが深刻に懺悔《ざんげ》されなくてよいものであろうか。ここに「力」を原理とする広義の覇道《はどう》的文化に対して「愛」を原理とする王道的文化の方向、「力の文化」に対する「慈の文化」の方向が今一度真剣に求められ、「慈の文化」の大方向を示す宗教道徳上の教説が、今一度すなおに謙虚に懺悔的にかえりみ尋ねられる必要がないものであろうか。

原子力時代に求められる新しい道徳

力による「核の文明」の正体をみた森瀧さんは、対極に「愛の文明」を据えた。

原爆惨禍の悲境の中で私は人類の永遠の教師ともいうべき釈迦《しゃか》・キリスト・孔子の教えの根本にたずねかえらないではおられなかった。その時、これらの教祖は一人として「力の原理」を肯定するものはなかった。一様に力の原理を否定して愛の原理を強調したのであった。三人の教祖は人類が末永く生きる所以《ゆえん》の道を示しているに相違ない。それが一致して「愛」を教えているのである。その「愛」に立脚した文明の方向、それを「愛の文明」と言い表すならば、私たちは「力の文明」から脱却して「愛の文明」を求めるべきではないか。

森瀧さんは被爆の哲学者として、「力」の原理にかわる「愛」の原理に到達した。

その愛は、家族愛、民族愛という種的立場から人類という類的立場まで高められなければなりません。私はそれを、原子力時代における新しい道徳、慈の文化の確立、という表現で訴え続けてきました。

「愛」の原理に立脚した新しい道徳が「慈の文化」だった。「慈《いつく》しむ」には「慈悲」や「慈善」や「慈母」の用語がある。中国山地にいだかれた山里を散策するなかで、森瀧さんは母なる大自然に触れ、亡き実母の「慈愛」を思い出したに相違ない。そうして「慈の文化」の道徳を導き出した。

力の文明の根底には征服・支配・抑圧と隷従・差別・無権利の対立関係がある。愛の文明は地球上の人間の平等共生の上に築かれる。殺し合うのでなくて生かし合い、奪い合うのでなくて譲り合うて「万人同胞」たる所に実現される文明である。

かくして森瀧さんは「ガンジー精神」を掲げた。力（暴力）を否定して「非暴力」を説き、そして実践したのがインド独立の父・ガンジーだった。この精神に立って実現されるのが「愛の文明」であり、道徳としての「慈の文化」だと、反核の父・森瀧さんは確信する。

原子力の出現という世界史の段階において、かかる力の極点とその破滅のおそろしさにおののくわれわれが全存在的叫びをあげて求むるものこそは力を超える愛の光であり、力と闘争を尊ぶ悪魔的思想に対して愛とやわらぎを尊ぶ神的思想である。

思索を結晶させて眼科医院を退院した森瀧さんが、生家のある君田村に再び戻ったのは敗戦の翌年、一九四六年一月二十九日だった。家族ともども本家に招かれて歓待を受けた。至福の夜、森瀧さんは神前で再起奉公を誓い「今はただ、このひとすじの　みちをゆかん」と日記に書いた。

森瀧さんが教授職にあった広島高等師範学校に復職したのは三月八日だった。加茂郡黒瀬町（現東広島市）の農村地帯に建つ旧海軍衛生学校の校舎を借り受けて、授業は再開された。教授も学生も泊まり込んだ。食糧不足もひどかったが、森瀧さんは学生との再会を喜び、夜には彼らと焚《た》き火を囲んでいる。そこで森瀧さんは「慈の文化」を熱っぽく語るのだった。

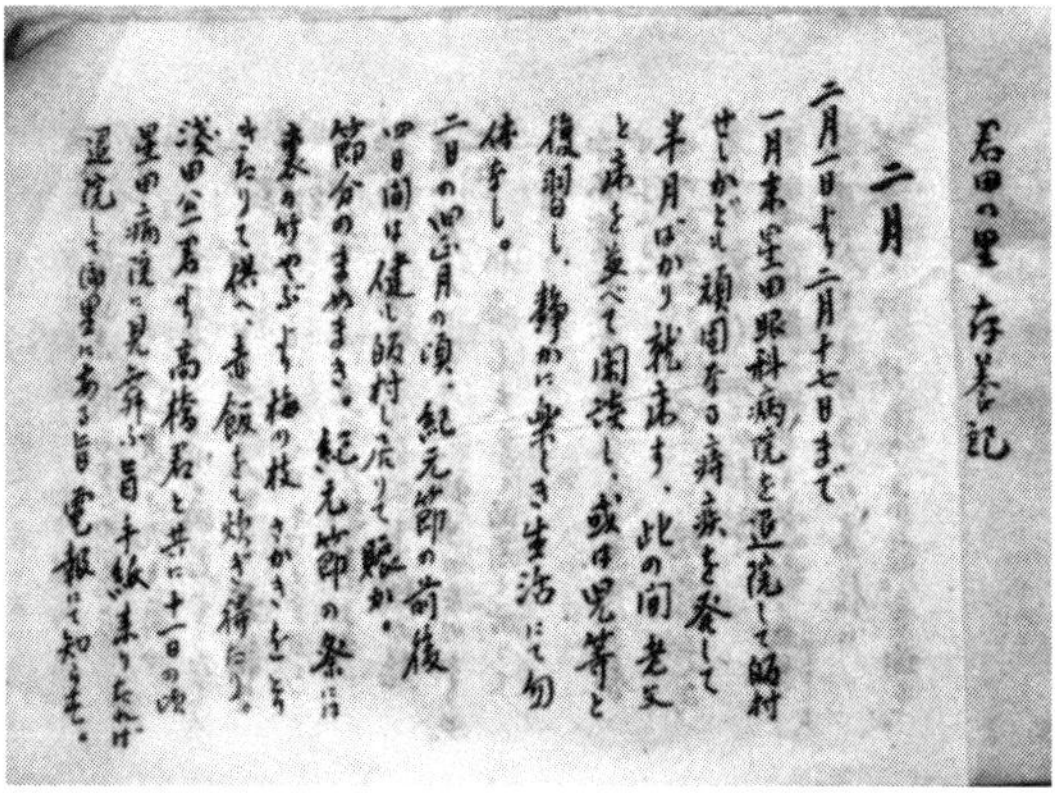
君田の里　存養記
二月
二月一日より二月十七日まで
一月末生田眼科病院を退院して帰村
半月ばかり臥床す。此の間老父
と床を並べて閑談し、或は児等と
復習し、静かに楽しき生活にて

「君田の里　存養記」

広島市への学園復帰運動が起きると、森瀧さんは復興委員会の委員長に担がれた。教授と学生が一体となって全国的な募金活動に取り組んだ。森瀧さんは新制の総合大学設置運動にも関わる。

それは敗戦まで政府と軍部に支配され、日本の帝国主義戦争に協力し、学生を戦争に駆り立ててきた高等教育機関のあり方を、教育者としての自分の存在と共に問い直し、平和と民主主義のための教育機関につくり変えていく闘いだった。

一九四九年秋、森瀧さんは学園内にバラックの仮設住宅を得て、君田村に疎開していた家族を呼び寄せる。空き地を耕して畑をつくる際、白い頭蓋骨《ずがい》が出てきた。四人の子どもたちは学園内の小・中・高校に学んだ。森瀧さんは研究の遅れを取り戻そうと、片眼を酷使して専門書をひもといた。このとき仕上げた論文では「権力による抑圧の時代」から「人間性の時代」に向かうべきだと主張した。

この年、新制の広島大学が誕生し、高等師範学校は大学に包括された。

翌年、朝鮮戦争が勃発し、トルーマン米大統領は水爆の製造を指示する。朝鮮半島で原爆が使用されるかもしれないとの観測がなされ、広島市長は仏紙のインタビューに、原爆の使用は許されないと訴えている。

学会やシンポジウムも平和をテーマにした論議が活発になった。一九五一年五月には日本哲学会のシンポジウムが学習院大学を会場にして開かれた。哲学者の久野《くの》収《おさむ》氏ら五人が問題を提起し、日が暮れるまで論じ合った。茶話会の様子を、森瀧さんは日記に記している。

［自己紹介に兼ねて感想を述べ合う。私は広島原爆の体験から「慈の文化」をかたり、絶

対平和主義の立場を説く。「学者は人類の理性たるべし」といったとき、久野収氏が共鳴の拍手をしてくれた」

「愛の文明」による新しい道徳「慈の文化」を主唱し、「力の文明」を否定する哲学者、森瀧さんの平和論であった。

この頃、森瀧さんは広島県内を講演で回っている。同和教育による人権の確立が叫ばれ、森瀧さんは「慈の文化」を説いた。次女春子さんは、父親のお供をした当時を振り返る。

「父は、子ども心にも響く熱の入った講演をしていました。農家の広々とした部屋で父と泊まるのが珍しく、井戸水で冷やした大きなトマトのおいしかったことも思い出します」

子どもの頃から、反核の父を見ていた娘であった。

第二章　「ヒロシマ後の世界」を見据えて

「広島子どもを守る会」が発足

米軍を中心にした連合国軍の占領が終わって、日本の主権が回復したのはサンフランシスコ講和条約が発効された一九五二年四月二十八日であった。主権回復の日に先立つ二月十七日、広島大学文学部の二二号教室に約百人の子どもたちが招かれた。長田《おさだ》新《あらた》教授が平和教育の教材として編集した『原爆の子——広島の少年少女のうったえ』に手記を寄せた子どもたちだった。

「原爆の子友の会」の発会式でもあり、森瀧市郎さんは会場で深い感懐をいだいていた。長女の安子さんが手記を出し、長男の健一郎さんは学校回りをして作文集めをするなど長田教授の手伝いをしている。

長田教授は子どもたち一人一人に『原爆の子』を手渡した。本の扉に〈幼き神の子の声を聞け　長田新〉と記されたのを黙読して、森瀧さんはいたく感激する。父兄を代表した挨拶で、まずこう述べた。

物理学者は原子という至って小さな物質の中に驚くべき大きな力のひそんでいることを発見したのですが、教育者である長田教授は幼い子どもの小さな胸の中にいかに大きな力が宿っているかを発見されたのであります。（中略）原子爆弾のあの大音響には私もびっくりしたのですが、考えてみればしかし、その音響はたかだか二、三十里しか聞こえなかったのであります。ところが長田教授が発見し、結集した子どもたちの精神的原子爆弾の音響は、世界中にひびきわたったのであります。小さきものに巨大な力がひそむことの発見という点では物理的発見も教育学的発見も同じでありますが、精神的原子力の発見を伴わない物理的原子力の発見は人類の破滅を招く以外の何ものでもありません。これは長田教授が「幼き神の子の声を聞け」と獅子吼される所以だと存じます。

さらに森瀧さんは「次に子どもの皆さんに感謝の言葉を申し上げたいと存じます」と続けて、手記を寄せた子どもたちに、次のように語りかけた。

「負ふた子に教えられて浅瀬を渡る」という諺《ことわざ》がありますが、私は今日ほどその意味を痛切に感ずることはありません。この諺の意味は大人が幼い子を背負って川の流れを渡る時に、子どもが背中から深い所と浅い所とをみわけて大人が深い所へ行かないように浅い所を教えるというのです。原爆の体験記を書かれた子どもの皆さんは今日大人たちが愚かにも深い方へ行きかけているのを見て「お父ちゃん、そっちに行ったら深いよ、おぼれるよ」と、背中にしがみついて必死に叫びながら大人を引き留めて下さるのです。今日ほど大人たちは皆さんの叫び声をきかなければならぬ時はないのです。ところが今日の大人たちの中には皆さんの声をきかないばかりか、子どもや女性の平和の叫びに聞き入るような感情主義的な平和論では駄目だと、もっともらしい議論をする者もあります。

しかし皆さんの叫びこそが真実なのであり、人類の深い願いを表しているのです。その叫びに聞き従わなければ、人類は深い方へ深い方へと進んで遂に溺れるよりほかないのです。愚かなことを繰り返そうとする大人の世界に向かって、危いよ危いよと必死に叫んで下さる皆さんに、私は深く感謝し、皆さんの叫びに聞き従うことを今日かたく決意致します。皆さんは益々叫びつづけて大人たちを引き留めて下さるようにお願いする次第であります。

「負ふた子に教えられて浅瀬を渡る」。この諺を披露するところが、いかにも森瀧さんらしい。森瀧さんは子どもたちの手記集『原爆の子』こそが、広がりつつある平和教育の原点だと確信を深めるのだった。

翌年の一月、広島大学東雲分校から三人の学生が、森瀧さんを訪ねてきた。精神養子となって原爆孤児を救援する運動がアメリカで始まっているが、日本でも救いの手を伸ばすべきだと、彼らは支援の急務を訴えた。長田教授の薫陶を受けた学生を前に、森瀧さんは感激を新たにする。

森瀧さんは郷里の君田村に近い眼科医院に入院していたとき、原爆孤児の存在に心を痛めた。眼科医院の向かいに小学校があり、暮れゆく秋の校庭で七、八人の子どもたちが、教師を交えて毎日遊んでいた。集団疎開してきた学童たちで、いまだ引き取る家族が現れていないとのことだった。だが年の瀬を迎えても、その光景は変わらず、森瀧さんは孤児になったのだと思い至る。子どもたちの声が風に乗って病室に届くと、森瀧さんは痛ましくてならなかった。

広島の原爆で、どれだけ多くの子どもが死んだか、生き残った子どもがどれだけ孤児になったか……。このとき森瀧さんは、原爆に父や母を奪われた子どもたちの支援をしたい、と心中期するところがあった。四人のわが子には、こう話しかけている。

「おまえたちには父さんが生きてかえったが、父さんも母さんも亡くなった子どもたちがたくさんいるのだよ」

原爆に奪われた幼い命を愁傷する森瀧さんのエピソードを、次女の春子さんから聞いた。

「男泣きというのですか、父が号泣するのを目の当たりにしたことがあります。小学三年か二年生の夏休みに川で泳いでいたら、川底に光るものを見つけたので拾い上げると真っ白い赤ちゃんの頭蓋骨でした。走って家に持って帰り、神棚に置いて祈っていたときです。被爆時にガラス片が右目に突き刺さって視力を失っていた父は、片方の左目をこじあけてじっと頭蓋骨を見ているうちに、大声をあげて泣き出したのです。地獄の現場を思い出したのか、父をそこまで泣かせる原爆とは——子ども心にも衝撃でした」

そして二月二十二日、有志による「広島子どもを守る会」が結成された。森瀧さんは会長に就き、原爆孤児国内精神養子運動を始動させる。森瀧さんは次のように語っている。

1957 年、「広島子どもを守る会」四周年の集い

原爆の破壊は物的破壊よりも人間関係の破壊の力がはるかに深刻であった。父を奪い、子を奪い、夫を、妻を、兄弟を奪って、一発の原爆は言いようもない莫大《ばくだい》な家族崩壊をまねいた。「父をかえせ、母をかえせ、子どもをかえせ……」という峠三吉の詩はその家族崩壊の苦悶を代弁した。「原爆で親を奪われた子どもたちにせめて精神的な親を」というのが私たちの精神養子運動であった。精神的な親子関係という新たな人間関係を「創造」して原爆の巨大な「破壊」に応えて見せるのだと私たちは心ひそかにきおいたっていた。「再び原爆孤児をつくるまい」、「親心の社会的結集を」という二つのスローガンが私たちの運動のすべてであった。前者はこの運動が決して単なる慈善事業ではなくて本質的に反核平和運動であることの確認であり、後者は「力」に屈しぬ「愛」

を親心の社会的結集に求めたのである。

米軍により広島に原爆が投下されたとき、父や母を失った子どもたちの数は四千人とも六千五百人ともいわれている。正確な人数はわからないが、学童疎開をしていて被爆を免れたものの全市的な破壊で両親が亡くなった子どもが少なくない。市内にいて被爆孤児となった子どももいる。

こうした子どもたちに経済的、精神的な援助の手を差し伸べたのが「広島子どもを守る会」の精神養子運動だった。精神養親になると月額千円を精神養子の原爆孤児に送り、養子の子どもからはそのつど近況をつづった手紙を受け取る。

森瀧さんは大阪府枚方市立枚方小学校で「ヒロシマの原爆」と題する講演をした際、原爆孤児との関わりが市民運動に半生を捧げる原点だと明かしている。中国山地の郷里の村で育まれた森瀧さんのヒューマンな一面が読み取れるので、これまでの記述と重複するところもあるが紹介したい。

二十万の人間が死ぬと、どういうことになると思いますか。二十万の人間が亡くなりますとね、その二十万の人間が死んだことをめぐって、難しい言葉で言えば、ものすごい家族崩壊が起こったんです。妻を失った男、主人を亡くした未亡人、子どもを亡くした親、親を亡くした孤児というように、人間の関係がバラバラになったわけです。それが一番大きな悲劇です。二十万人死んだということも大きいけれども、二十万人の亡くなった人をめぐって、その周囲にどれだけ生涯にわたって嘆き悲しまなければいけない人たちが生まれたかということなのです。身よりのない被爆者の問題が非常に深刻になってきましたが、その当時はいちばん何とかしなければならない原爆の被害というのは、親を失った子どもたちです。皆さんのような子どもたちがね、今までは幸せにしていたのに、一遍《いっぺん》に投げだされて孤児になってごらんなさい。どういうことになりますか。

戦後、広島の駅前あたりに闇市《やみいち》といいましたが、そこで孤児になった子どもたちが一生懸命靴《くつ》みがきをしていたのです、ああいう状況というものが、もう私には忘れられないですよ。それだから後に、何年かたってやっと三つの大きな原爆孤児の収容所が出来まして、出来てもなおそこに収容されない多くの子どもがいました。そのために精神的にその子らの親になる人を見つけて、せめて親をなくした子どもに精神的な親を与えるという、原爆孤児のための精神養子運動を学生といっしょにいたしました。それが、私が「原爆反対」とかあるいは「被爆者救援」の運動をするようになった発端であります。

私は元来書斎で研究しておれば済《す》む男ですので、世間を知りませんでした。初めて世間に触れたのは、原爆孤児の問題だったのです。今、原爆孤児といっても皆さんにはピンとこないだろうけれども、自分がお父さんやお母さん、おじいさん、おばあさんを、一遍になくして、一人になり、ポンと投げ出されたら、どうするんだろうか、考えてみてください。

原爆を使った戦争は、いっぺんにそうなる。たった一発の弾で二十万の人間が死ぬということですよ。それから生き残っても、親を失った者、子を失った者、夫を失った者、そういう嘆き悲しむ人々、それから自分自身、放射能の影響をいつまでも心配しなきゃならないような人間が生まれた。

それで私がいいたいことは、原子力が発見され、恐ろしい力が出る、それを兵器に使って原爆にして広島に落とした。人類の歴史を二つに分ける程の大きな変わり方をしたというのは、なぜか。あの広島のひどさを見たときに、誰もがどういうことを感じたか。ちょっと説明のしようがないのですが、こりゃ人間が危ない、あるいは人類が危ないことになった、という感じがしたのです。

それまでは一つの家がつぶれるとか、一つの国がつぶれるとか、一つの民族が絶えるとかね、そのくらいの経験はありますよ。しかし、うっかりしたらこりゃ人類全体が危ないいんじゃないか、人間が危なくなったんじゃないかという、それは理屈ではなしにね、肌でわかったわけですよ。それまでは、よっぽどえらい宗教家とかよっぽどえらい人がね、人類全体の運命について考えるとか心配するとかいうことはあったでしょう。しかし私たち普通の人間が、いわゆる民衆が、人類の運命が危ないいんじゃないかというような考えをもったことはありませんよ。

私が〈ヒロシマ後の世界〉といっておりますのは、普通一般の民衆が、みなさんら子どもに至るまでもが、いったん核戦争になったら、人類全体の運命が大変なことになるのじゃないか、地球が人間の住めない場所になるのじゃないかという考え方を持つようになった。そういう時代に突入したのが、原爆を落とされた一九四五年なのです。

人類の危機を肌で感じとった森瀧さんは、かのガンジーが実践者であったように、「広島子どもを守る会」の会長に就いた。そうして森瀧さんは、自らをして「慈の文化」の実践者になったのである。このとき五十一歳だった。

森瀧さんは「原子砂漠にあえぐ孤児たちが探し求める唯一の泉、それは人間愛の泉である」と記して、こう書き留めている。

精神親が原爆孤児に寄せる思いは、そのまま「ノーモア・ヒロシマズ」のねがいである。かくて平和への悲願は精神親が増えていくとともに地下水のしみわたるごとくひろがっていく。清水幾太郎氏夫妻の手紙の一節には「哲夫ちゃん（精神養子の名）が幼い手で書いた手紙をよこすたびに私どもの平和への決意、ふたたび原爆の子を作らぬ決意を新たにさせられています」（中略）原爆悲劇の極みから創り出された聖なる人間関係、かかる人間関係を媒介する仕事をして日々に出会う感激事の数々、この感激の裡《うち》に人間愛への信頼が日々にとりかえされて来る。

森瀧さんが会長を務めた「広島子どもを守る会」の精神養子運動はすべての子どもたちが十八歳をこえる一九六四年五月まで続けられた。八十五組が精神親子として結ばれている。

それから五年後、森瀧さんは国会の場で「社会保障的立法から国家補償的立法の制定」を訴えた。一九六九年七月に開かれた第六十一国会の参議院社会労働委員会で参考人として陳述したのだが、このとき原爆孤児の救援も求めている。議事録から引きたい。

〈原爆被害の最も大きなものとして、死亡並びにその死亡者があるがゆえの家族崩壊という一番典型的なものが両親を失った子ども、ほうり出された子どもということでございますから、もとは、われわれの頭に一番原爆被害者としてきたのは、いわゆる原爆孤児であった。ですから、何らかの手を差し伸べるということに自然なるわけですが、しかし、子どもは早く大きくなるものでございまして、もう私が世話をしました一番小さい、その原爆の年に生まれた子でも、もう二十四歳でございます。大きくなって、結婚ブームの時期でございます。

しかし、私が言いたいのは、一体、そういう孤児たちに国家ではどういう施策が行われたのか、何も行われなかったじゃないか、何の使いもなかったじゃないか。これは怒りをこめて申すわけですけれども、そこで、私にもう一つ言わしていただけば、被爆者ということばが私は気にいらない。いつの間にか被爆者ということばが固定化してしまって、今度もこれを見ると原爆被爆者、何々被爆者といえばみな被爆をした、その放射能を受けた者だけでなくても、原爆の被害というのは、子どもは田舎へ疎開して、そこで勉強しておって、親や、おじいさんが広島におって全滅して、一人になった。この全部の肉親を失った子どもが原爆の被害者でないのかと言いたい。だから、大体被爆者だけに限っておるということが間違いなんでございまして、私たちが被害者団体などという名をつけざるを得ないのは、そのうちに遺族があって――それに遺族会というものを独立してやっているところもありますが、多くは遺族たちが被害者団体の中に入っておるのは当然なんでありまして、それは原爆被害者だからであります。ですから、自分が直接被爆したのでなくたって、親を失って孤児になったというのは一大事でございます。そういう意味の遺族、その遺族に一体何をしていただいておるのか。

1969年7月、参議院社会労働委員会で被爆者援護法の訴え

たとえば原爆孤児でございますというと、今日大きくなっていますけれども、そのために一体どれだけ難儀をし――私はその当時何人原爆の孤児が監獄《かんごく》の中にいるだろうかということも推計したことがあります。ひねくれて、ひもじくて、牛乳一本よそのものを盗んだことがあったかどうか、そのためにだんだん問題児とされていった。

ずいぶん保護しましたけれども、最後には少年院に行って一人前の悪党になって出てきた。そういう者は身寄りがないから暴力団が使いやすい。だから、とうとう撃ち合って死んだ者もいる。そういう者は、一体原爆被害者でないのかと言いたい。

私は孤児の問題から質問を受けましたので、孤児のことを言いますと、孤児でその親の骨を抱いて、何十年でもそれを自分のかたわらに置いて暮らした孤児を私は知っております。せめて、いまからでも、もう大きくなっておりましても、両親を失って原爆孤児と昔言われたその子に、これがあなたの親への弔慰金ですよといって、何がしかでも与えていただいて、その子が、おとうさん、おかあさんといって一度でも親のお祭りができたら、自分も国家から忘れられてはいなかったんだという気持ちにもなるだろうと思います。

そういう意味で、緊急にというのは、緊急にできる範囲でということです。いますぐにできることがあります。もちろん、全部の被爆者の数をつかむというのは、これは日本だけではないことでございます。私は世界の大事業だと思っております。だから、それがすぐできるとは言いません。だけれども、国家の施策として、わかったところからやるということは当然であります〉

森瀧さんが熱弁を振るう様が目の前に浮かんでくるようである。しかし、国家補償の壁は厚かった。それでも森瀧さんは一貫して「私たちが求めるのは、国家の責任で遂行された戦争の結果起きた空前の惨禍に対する償いなのである。戦争責任に立って補償することを求めている」と主張し続けた。

ビキニ事件に憤慨して原水爆禁止国民運動

その名は「ブラボー」だった。一九五四年三月一日に米軍がマーシャル諸島・ビキニ環礁で行った水爆実験の呼称である。このとき「死の灰」（放射性降下物）を浴びたマグロ漁船「第五福竜丸」が、静岡県・焼津港に帰港したのは三月十四日だった。森瀧さんは十六日の日記に書いている。

「ビキニ原爆実験の灰をかぶりし漁船の乗組員の原爆症発病の報伝わる。ラジオをきき悲《ひ》憤《ふん》やるかたなし。一家おそくまでラジオをききつつ怒る」

原爆をつくった「力の文明」を否定し、「愛の文明」に基づく道徳「慈の文化」を主唱していた森瀧さんの衝撃と悲憤は察して余りある。二十三人の乗組員は急性放射線症の症状がみられ東大病院などに搬送されたが、半年後に無線長の久保山愛吉さんが亡くなった。マーシャル諸島で獲れたマグロが放射能に汚染されているとわかるや、「原爆マグロ」や「原子マグロ」の活字が新聞に登場する。「死の灰」の恐怖が日本列島を包み、水爆反対の署名運動は国民的規模で広がった。

被爆から九年になる広島では原爆と結びつけて「原爆・水爆反対」の声があがり、五月になると「原水爆反対」の言葉として定着する。署名運動の推進役は主婦層を中心にした女性たちだった。森瀧さんは四月二十八日の日記に「夜教育会館で「原爆水爆禁止広島市民大会」の準備会、婦人の側の発起ということに意味あり」と記した。詳細について広島県編『原爆三十年』から引きたい。

〈全国民の運動として、スタートが早かったのは婦人の動きであり、参政権をえてまだ間のない婦人が、最初に放ったヒットであった〉

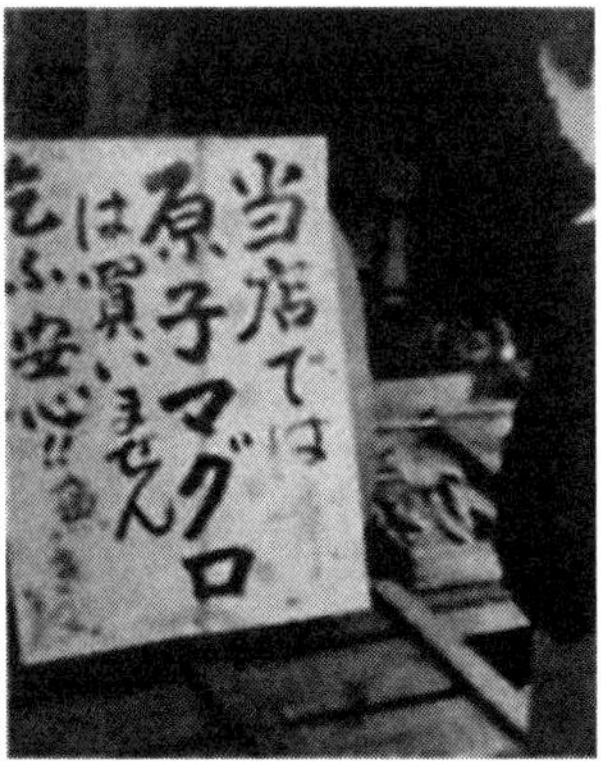

「原子マグロ」を取り扱わない旨を看板に掲げた焼津の魚屋
（焼津市歴史民族資料館のパンフレットから）

〈死の灰への抗議は全国にこだました〉〈平和な今日、死の灰をふらせるとは何事だという考え方が、ここにみられる。これをうちやぶって、広島・長崎をふくめた、ノー・モア・ヒロシマズの運動に高めたのは、広島の声であり、広島にはそれだけの蓄積があったわけである〉〈労働省婦人少年局広島分室主催の「広島地方婦人集会」において、迫千代子が原水禁広島市民大会を開こうというよびかけを行ったのがきっかけとなり、平和問題懇談会(土谷厳郎代表委員)、子どもを守る会（森瀧市郎会長）などとともに、広島県地域婦人団体連絡協議会（県婦協、畠しげ子会長）が強力に推進していった〉

原水爆禁止広島市民大会は五月十五日に開かれた。「原子兵器の製造・使用・実験の禁止」を求める大会宣言を出し、広島県下で百万人の署名を集めることを決める。［会者七百。女性を主体とする広島の平和運動に一つの大きな発展］と日記に書き留めた森瀧さんは、妻のしげさんと一緒に署名集めに奔走した。

このあと森瀧さんにとって「運命の夜」が訪れる。七月二日の夜に婦人会館で開かれた会合で、原水爆禁止広島県民運動連絡本部が発足し、森瀧さんは事務局長に推された。実践の哲学者に断る選択肢はなく、森瀧さんは原水禁運動に深く関わっていくのである。

ビキニ事件をきっかけに、原水爆禁止運動は空前の盛り上がりをみせた。広島県民運動連絡本部が集めた署名は八月末までに百万三千四百七十二人に達した。当時の広島県の人口が約二百万人だから、まさに県民運動である。署名簿は三百枚を一冊にして八十四冊、重さは百二十五キロになった。

これだけの署名簿をニューヨークの国連本部に届けるにあたり、事務局長を務める森瀧さんは送料の捻出に悩んだ。日本通運広島支店を訪ねて相談すると、なんと無料で引き受けてくれるという。森瀧さんは「近来の快事」に「意気大いに上がる」と喜んだ。

広島県民が寄せた「百万人署名」のエネルギーは、大きな声となった。「被爆十年に原水爆禁止世界大会を広島で開こう」。森瀧さんはこの「広島案」を正面から受け止める。反核平和の実践活動を継続していくために、県民運動連絡本部を「原・水爆禁止運動広島協議会」（広島原水協）に改組したいと提案する。異論はなく、森瀧さんは引き続き事務局長に就いた。結成にあたり、森瀧さんが提唱したのが「ピュア・ヒューマニズム」を共通基盤に据えることだった。

森瀧さんは上京した折に、法政大学の安井郁《かおる》教授を訪ねる。安井教授は原水爆禁止署名全国協議会の事務局長をしており、中央へ働きかけるときの窓口となる人だった。森瀧さんは十月十九日の日記に「世界会議の可能性について談合。安井氏全く賛成、乗気なり。意気合う。真実の人物なり」と書いた。

安井教授のアドバイスで森瀧さんは東京滞在を延ばし、「第五福竜丸」の無線長で急性放射線症により死亡した久保山愛吉さんの追悼大会に参列する。午前の部で署名運動全国協議会の世話人会があり、森瀧さんはその席で世界大会の開催を提案した。

原水禁の反対署名運動にみられたように、党派や立場を超えた原水爆禁止世界大会の開催が、森瀧さんの強い意思であった。「人類は生きねばならぬ」と訴え続けた「森瀧運動」の原点でもある。

六〇年安保に揺さぶられた平和運動

第五回原水禁世界大会（一九五九年）を「嵐の中の大会」と呼んだのは、安井郁・日本原水協理事長である。嵐の源は、日米安保条約の改定をめぐる論争だった。安保改定阻止国民会議が発足したとき、日本原水協は幹事団体（十三団体）に名を連ねた。「平和運動の不偏不党」を掲げてきた森瀧さんの苦渋は、著書から推察できる。

「幅広い人道的な原水禁国民運動の中で、この問題がとりあげられる時には、おのずから一定の限度と配慮が必要であった。即ちそこでは「安保改定が核武装や海外派兵につながるおそれはないか」という問題の出し方となった。そんな心配があるかないか国民大衆とともによく検討学習してみようではないかという問題の出し方であって、当初から反対や阻止を直接にかかげるものではなかった」

しかしながら広島県議会は、原水禁世界大会の補助金（三十万円）の支出を否決する。自民党が「世界大会は安保改定問題を含めた政治運動である」との理由で反対したことによる。自民党本部の七役会議もこれを支持し、原水禁運動を「偽装平和運動」とまで指弾し、自民党広島県連は世界大会への不参加を決めた。右翼団体も全国から集まり、その行動も激しくなり、まさに「嵐の中の大会」となった。

それでも森瀧さんは、光明を見出そうとしていた。東西の緊張と核武装競争の悪循環から脱すべきだというのが平和運動の大きな課題だったことから、「東西の融和で原水爆禁止を」と大会基調にうたった。

この森瀧さんの想いに、高校一年生の岡村広子さんが応えた。原爆で両親を失い、残された三人姉妹の被爆孤児として苦労した体験を述べてから、広子さんは率直に訴えかけたのである。

「私たち子どもの世界では東の子どもも西の子どもも区別なく手をつなぐことができるのに、大人の世界ではなぜ東西が手をつなぐことができないのですか」そして、広子さんは結んだ。「私はお父さん、お母さん、お姉さんが眠っている、この慰霊碑の前で心からお願いします」

大きな拍手がわき起こり、森瀧さんは感動にひたった。十六歳の少女の言葉に、真の原水禁国民運動の「範型《はんがた》」を見つめていた。

その夜、ノーベル化学賞を受賞している米国のポーリング博士が、森瀧さんらの前でヒロシマ・アピールを一気に書いた。ちなみに博士は化学賞に次いで、一九六二年にノーベル平和賞を受賞している。

〈今や人類は自らの運命を自らの手中に収めています。私たちは老若男女を問わず、すべての人々に戦争そのものに反対する、この大きな闘いに参加するよう呼びかけます〉

人類の視座に立つ平和運動の提唱であった。森瀧さんは感極まった勢いで、最後の一文に「生命への畏敬」を挿入してはどうだろうかと提案する。ポーリング博士は喜んで受け入れ、ヒロシマ・アピールができあがった。

〈平和と理性と生命への畏敬に連なる道をともに歩きだそう〉

森瀧さんは、ポーリング博士の言説を「原水禁運動のひとつの聖典である」と語っている。

翌年の日本列島は安保闘争で騒然として揺れた。保革激突のなかで五月二十日未明、岸信介首相の自民党は衆議院で新安保条約を強行採決する。六月十六日には、岸内閣退陣を叫ぶデモ隊が国会に突入し、警官と激しく衝突した末に東大生の樺《かんば》美智子さんが亡くなった。森瀧さんは日記に記した。

［負傷四百六十数名。重傷四十六名。ほとんど学生。早暁《そうぎょう》の内閣声明、いささかの反省の色もなし］

女子大生の死に悲憤した森瀧さんは、それゆえに行動に出た。［心境整え大会に備える。座禅。五時。平和広場で広島県全階層総決起大会。平和団体代表として議長となる］（十八日の日記）。

大会では「岸内閣打倒、国会即時解散、安保条約批准《ひじゅん》反対」を宣言し、さらに「警察国家再現反対」を特別決議した。このあと森瀧さんは、樺美智子さんの大肖像を掲げたデモ行進に付き添った。

かくして安保の年の第六回原水禁世界大会は「たたかう大会」となった。二月にフランスがサハラ砂漠で核実験を行い、米・ソ・英に次いで核兵器を保有している。世界大会では、次の「東京アピール」を採択した。

〈世界諸国民の平和共存実現、戦争反対のための原水爆禁止、軍備全廃と軍事同盟条約および外国軍事基地撤廃の要求は、これを拒否するアメリカその他の帝国主義、植民地主義勢力との断固たる闘争によって実現されねばならない〉

平和の敵の筆頭をアメリカと決めつけたことから、日本青年団協議会（日青協）や全国地域婦人団体連絡協議会（地婦連）は「大衆的な広がりを失う」と抗議の声をあげた。広島県編『原爆三十年』は、十人を超えた中国代表団の影響も受けたとみて、こう解説している。

〈安保闘争は国論を二分したが、原水協はそのいっぽうにくみして大会を開いたため、国際的には中国の反帝闘争と結びつくことになった。国民運動という立場からいえば、分裂の方向を決定づける、その分岐点となったのである〉

それだけに「人類の存亡」を命題とする森瀧さんは憂患《ゆうかん》の日々だった。それでも森瀧さんは原点にこだわり、「東京アピール」の直前に発表した国民向けアピールに〈原水禁運動はヒューマニズムを根本とする〉との一言を盛りこんだ。

原爆と水爆の核兵器に断固として反対することは、被爆国の意志であり義務であり使命でもあった。そうして原水爆禁止運動は国民の支持を得て、日本で世界大会を開くまでに成長した。しかし日米安保の改定問題を境に、そのエネルギーは分散の一途をたどる。各都道府県の原水協から自民党が脱退し、翌年には当時の民社党と全日本労働組合会議（全労会議）系労組が「核兵器禁止平和建設国民会議」（核禁会議）を結成したのだった。

国民運動は原水協と原水禁に分裂

日本原水協の内部対立も激しくなる。共産党系は「平和の敵がアメリカ帝国主義であることをはっきり示すべきだ」と主張した。社会党・総評系は「国の政治体制を問わず、いかなる国にも原水爆禁止を働きかける」との方針で臨んだ。

一九六一年の第七回原水禁世界大会の決議は激論の末、勢力の強かった共産党系の多数決で決まる。〈現在、アメリカ国内には核実験の不吉な兆候が強く出ており〉として、〈こんにち最初に核実験を再開する政府は、平和の敵、人類の敵として糾弾《きゅうだん》されるべきである〉と決議した。

このとき米・英・ソは核実験のモラトリアム（自発的一時停止）の状態にあり、第七回世界大会の決議はアメリカの核実験再開を警戒してのことだった。しかし、ソ連のほうが先に核実験の再開を発表した。それも世界大会の閉幕直後だった。日本原水協の代表委員で広島県原水協理事長の森瀧さんは著書に次のように記している。

実験再開についてのソ連の長文の声明には、ベルリン危機を中心に東西の一触即発の緊張した状勢がのべられ、「第三次大戦の勃発《ぼっぱつ》を防止するために」「胸をしめつけられる思い」をいだきながらも、まったくやむをえず実験を開始するのであるとのべられていた。したがって県原水協の理事の中にも、はっきりとソ連声明の支持を表明する人があって、激論がたたかわされた。

森瀧さんは原水禁運動の原点に立って、共産党と社会党の主張を調整しようと試みるが、譲歩を引き出すことはできなかった。二十三日の夜に開かれた「核戦争阻止・核実験即時中止・軍備全廃促進・被爆者援護法獲得広島集会」は、森瀧さんの日記によれば「けんけんごうごうたる幕切れ。まことに遺憾。疲れはてて帰宅」であった。

森瀧さんの本心はどうだったのか。ソ連が核実験再開を発表した際の日記は「大きなショックと怒り」であり、ソ連の声明文を読んだ日には、こう明記している。

「すべてこれ口実のみ。人類の立場は全然考えられていない。やはり人道への反逆である。「力」を信じるものの犯す誤りである」

核抑止とは、核兵器の脅威を互いに突きつけ合うことで、その使用を踏みとどまらせる「恐怖の均衡」ともいうべき戦略だが、核軍拡競争は必至となる。

ビキニ事件をきっかけに原水爆禁止運動は広まったものの、共産党系と社会党系の溝が深まり一九六三年の「3・1ビキニデー集会」は流会に至る。翌年の「被災十年ビキニデー集会」は、焼津市と静岡市に分かれてそれぞれの主催で行われた。森瀧さんは日記に短く書いている。

［焼津や静岡での集会の模様大きく報道さる。現地の人々の苦慮を思う］

「いかなる国の核実験にも反対」の立場から三月二十七日に広島、長崎、静岡の各県原水協の呼びかけで「原水爆禁止被災三県連絡会議」（被災三県連）が発足した。

分裂騒動下の十月、中国が核実験を成功させて第五の核保有国となった。中国政府は「核保有国が増えれば核兵器禁止協定の可能性が生まれる。中国の核実験成功は世界平和への貢献である。今後も核開発を続ける」とコメントした。まさに口実であり、ゴールなき核軍拡競争の様相を示してやまなかった。

翌年の二月一日、三県連主催の大会に参加した団体を母体に、原水爆禁止日本国民会議

（原水禁）が発足する。森瀧さんは推されて代表委員に就任した。原水禁の次の基本原則に、森瀧さんの強い意志が見て取れる。

1964年、広島、長崎、静岡の被災三県が主催した原水禁全国代表者会議

〈運動は広島・長崎・ビキニの被爆体験に基礎をおく〉〈いかなる国の核兵器の製造・実験・使用・拡散にも反対する〉〈この運動は思想・信条・宗派、政党政派を超え、あらゆる階層の団体や個人を結集する広汎な国民運動であり、誰もが参加できる民主運動であるから、社会体制の変革を目的とする運動とは性格を異にし、特定政党に従属するものではない〉

分裂前の原則を貫いているのは、森瀧さんの国民運動へのこだわりにほかならない。「人類の存亡」を見据えてのことであった。

第三章　「不殺生」「非暴力」「生命への畏敬」

国民平和使節として欧州に反核の旅

核軍拡と反核がせめぎあう年の幕開けだった。

一九五七年一月十二日、イギリスは太平洋のクリスマス島周辺で水爆実験を行う計画があると発表した。危険水域の設定からみてメガトン級の水爆実験になると判明するや、国内外で抗議の声が一斉にあがった。ビキニ事件で「死の灰」を被った「第五福竜丸」の無線長、久保山愛吉さんが急性放射線症で亡くなってから三年しか経っていないだけに、日本国内では次のような緊急の動きがみられた。

〈この間、二月二十四日には世界平和アピール七人委員会がイギリス首相に「クリスマス島の水爆実験をやめよ」とのアピールを発表し、三月一日には湯川博士ら物理学者四〇一人が、イギリスの物理学者など各国の物理学者に約三〇〇通の水爆実験中止を訴えるアピールを発送するなど、抗議、反対の声が広がった。四月二十六日には日本学術会議が原水爆実験禁止の決議をおこなった。広島ではヒバクシャの吉川清、森瀧市郎ら四名が原爆慰霊碑前で三月二五日〜四月二〇日まで座り込みをおこなった。一方イギリス国内では四月四日、九六の大学がクリスマス島実験反対を政府に請願している〉

（『開かれた「パンドラの箱」と核廃絶へのたたかい』）

だが、イギリスは五月十五日から水爆実験を強行する。森瀧さんは日記に書いた。
「英国の水爆実験およびこれに対する国民の怒り大きく報道さる。午前十時から、教育会館で原水協拡大理事会を開き、英国の水爆実験に対する抗議声明を出す」

日本原水協は国民平和使節の派遣を決めた。イギリスだけでなくアメリカとソ連の核保有国に三使節団を送るのだから、森瀧さんのいう「国民的大事業」であった。「広島県原爆被害者団体協議会の常任委員会の決定で、原水爆禁止国民使節の広島代表として自分を推薦し、夜代表者の人々が懇請《こんせい》に来訪。熟考の末、教授会の同意があれば、諸君の好意に沿うよう努力すると返事す」（五月二十七日の日記）。広島大学の教授会は全会一致で森瀧さんの訪英を承認し、正式に決まった。

森瀧さんは八月六日にロンドンに入った。平和活動家と面談を重ね、オックスフォード大学のコールソン教授には被爆体験や原爆孤児について語った。八月十二日にはケンブリッジ大学を訪ねる。
[ディーキン教授の部屋で七、八名の同士教授が集まる。広島の話や日本の平和運動の話をする。ディーキン教授はクェーカーであり、ケンブリッジ原水協の会長である]

そして八月十七日、森瀧さんはバートランド・ラッセル博士を訪ねる。イギリスの哲学者・ラッセル博士は、アメリカに亡命したドイツの物理学者・アインシュタイン博士と「核戦争は人類の存続をおびやかす」として一九五五年七月、核兵器廃絶に向けた世界科学者会議の開催を呼びかけていた。いわゆる「ラッセル・アインシュタイン宣言」であり、なぜ声明を発表したかについてこう述べている。

人類の直面する悲劇的な現状において、われわれは大量破壊兵器の発達の結果として生じた危険を正しく評価し、(中略)科学者が会議を開くべきだと考えます。われわれは今、ある一国の国民としてではなく、またある一地域に住むものとしてでもなく、さらに一つの信条をもつものとしてでもなく、その存在が脅かされている人類、人という種族の一人として、発言しているのです。

この声明は大きな反響を呼んだ。ノーベル賞受賞者の湯川秀樹博士ら十八人の科学者はすぐさま賛同の声明を出した。二年後、世界の科学者による「パグウォッシュ会議」がカナダで開催され、現在に至っている。

森瀧さんを山荘に迎えたラッセル博士は、このとき八十五歳だった。

「あたたかい微笑をもって迎えてくれた。あたたかい握手である。そしてよくもこんな遠方まで訪ねてくれたとまずねぎらってくれた」

そんなラッセル博士を前にして森瀧さんは、人類が生存するには「力の文明」ではなく「愛の文明」への転換が肝要で、その新しい道徳を「慈の文化」に求めたいと熱心に語った。

ラッセル博士はこう述べた。

「近代も力が支配してきた。キリストが愛を説いたときにも、ローマは力で支配していた。しかし、愛のプリンシプルに立たなければ、人類は生きていけないだろう」

森瀧さんは、今こそ「愛の文明」が必要だと重ねて語る。

ラッセル博士は「私の結論も同じだよ」と言って、書架から黒表紙の本を取り出した。

そこには英文で〈良き生き方は、愛によって高められ、知によって導かれる〉と書かれていた。感動した森瀧さんは、叫ぶように問うた。

「この知が愛に結びつかずに、政治権力に結びつくところに、現在の悲劇があるのではありませんか」

ラッセル博士は答えた。「昔は悪い心にあまり大きな力は伴わなかったが、今は悪い心に大きな力を科学が与える」

続いて博士は、森瀧さんに問うた。「原爆を落とした米国に対して、広島人の恨みや憎しみは強くありませんか」

森瀧さんは気負うことなく返した。「あまりに悲惨でしたから、恨《うら》むとか憎むという感情よりも、こんなひどいことが二度とあってはならないという気持ちのほうが先に立ちます」

今度はラッセル博士が感動する。「日本人の多くが、そんなに高い考えを持っているとは知りませんでした」さらに博士は「私も及ばずながら努力します」と約束し、核兵器禁止運動に寄せて書いたパンフレットを手渡してくれた。

この後、森瀧さんは西ドイツのボンに向かう。四月に西ドイツの原子力科学者ら十八人がゲッティンゲンで、核武装に反対し、核開発に関与しないことを宣言していた。アデナ

STIMME DES FRIEDENS

swelle nach dem 15. IX.

A-Waffen-Blitze über London-Konferenz

Der Professor aus Hiroshima

反核訪欧の旅で、西ドイツの『ヴォッヘン・ツァイトゥング』紙に載ったインタビュー記事（1957年）

ウアー首相が核武装への意欲を示したことを受けての宣言だった。

広島大学の長田新教授から「ゲッティンゲン宣言」に感謝する手紙を託された森瀧さんは、ボンでの記者会見で、次のようにこの点に触れた。

長田新教授は広島大学の学者十二人の賛同を得て、ゲッティンゲン宣言の学者たちへの感謝の手紙をつくり、出発前私が待機していた神田の一橋寮にわざわざもってきてくださった。そしてその長文の手紙の内容を詳しく説明された。その中にオットー・ハーン教授のこともふれられていた。ハーン教授が広島の原爆の報道をきいた時自殺しようとしたのだと、長田教授は感動的に話されたのであった。私がボンでの記者会見でこの手紙を持参していることを発表した時、四十数名の報道陣であったが、各新聞ラジオがこぞって報道した。保守系の大新聞フランクフルター・アルゲマイネ紙までが詳しく報道したといってドイツの平和活動家たちはよろこんだ。さて十八人の学者たちを代表してこの手紙をうけとってくれたのはハイデルベルグ大学のコッペルマン教授であった。

八月三十日（金）の日記

……九時半ハイデルベルグ大学の物理学研究所にコッペルマン教授を訪れる。研究所の門を入るとカスタニヤの並木が美しく茂っている。

「私がコッペルマンです」と愛想よく迎えて「たいへんそまつな部屋だが」と言って、自室に案内してくれる。何ともいえぬ心の通いを感じて、ものを言う必要もない位である。

コッペルマン「あの宣言の当時は政治的に非常に困難な時であった。一時的に終わらず、あれは今後ますます推し進めなければならぬ。学者といえども政治的責任を感じなければならぬ」

森瀧「ハーン教授のことで私たちの手紙の中でいっていることが、もしまちがっていたらたいへん失礼なことになるのだが」

コッペルマン「いや、英国で捕虜《ほりょ》になっていた時、広島の原爆で、ハーンが死んではと思って収容所の中の仲間が心配して見張っていたことは事実なんです」

五十日間に及んだ森瀧さんの反核の訪欧はさらに続き、オーストリアへと向かう。一九五七年九月七日のことである。首都ウィーンから車で一時間半ほど走ると、穏やかな保養地があった。イギリス、西ドイツ、フランスを回ってきた森瀧さんは、海抜千メートルというこの山地で、一泊二日の休養をとることにした。

早朝、森瀧さんは散歩に出た。陽光にきらめく緑の丘の露草《つゆくさ》を踏んで歩いているとき、ふと道端の墓地に目を奪われた。静かな天地に眠る霊を前に、森瀧さんは「いくたりかの戦争の犠牲者の霊も眠っているのだろう」と思いを馳せる。さらに「墓所に花を植えたり供えたりするやさしい心根はいずこかわらぬ人情」だと感じ入るのだった。

墓石に彫られた白い天使を目に留めた森瀧さんは、続けて日記に書いている。

「これは子どもの墓であろうと近よってみると、四歳で亡くなった子どものために『そんなに幼くて逝《い》った吾《わ》が子よ静かに眠れ』と限りない愛惜《あいせき》の情がきざまれている。まことに親子の情にかわりはない。人情の至理は普遍である。私ははるかオーストリーの山の中の墓所の静寂の中で悠久なる人情の至理に逢着する」

亡き子への愛情の情にふれた森瀧さんは、こうした人間の情は世界中で同じだとあらためて思う。「広島子どもを守る会」の会長を務めた森瀧さんらしい。森瀧さんの追悼集に、長女の安子さんがこう寄せている。

〈精一杯《せいいっぱい》子どもを慈《いつく》しみ育てる山合いの農家の生活。その中で、人が大切にされることの幸せを身の奥の深くに受けて育ったのが父だと思う。よく「子どもはどんなに大事にされても、されすぎることはないよ。大事にされすぎるほどよう育つよ」と私たちに言っていたのを思い出す〉

さて訪欧の旅だが、森瀧さんは九月十四日にオーストリアのシェルフ大統領と会見する。法学博士で知られた革新派の大統領は選挙演説で「私が大統領になったら、中立国の地位をいかして、東西両陣営から科学者を招き、原水爆禁止のための科学者会議を開きたい」と述べていた。

この演説を西ドイツの平和活動家らが評価しており、森瀧さんは彼らからシェルフ大統領との面談を勧められていた。大統領官邸に通された森瀧さんは「東西科学者会議」の話題を切り出した。東西冷戦の折だけに、シェルフ大統領の本気度を知りたかったにちがいない。

大統領は広島の原爆資料館を訪れたときの衝撃から、原水爆禁止を痛切に考えるようになったと打ち明けた。「東西科学者会議」について、森瀧さんが「ぜひ実現されるよう祈ります」と伝えると、シェルフ大統領は「それは私の生涯の頂点です」と応じたのだった。

翌年、第三回パグウォッシュ会議がウィーンで開催された。会場の最前列で熱心に聴講している大統領の姿があった。森瀧さんは「シェルフ大統領の真面目《まじめ》に接した」と日記に残している。言行一致は、森瀧さんの信条であった。

大学に辞表を提出して、重大決意を実行

一九六一年九月にソ連が核実験を再開したことで、米・英・ソによるモラトリアム（自発的一時停止）は崩れた。翌年の三月、アメリカは大気圏内の核実験再開を発表する。森瀧さんは絶望的な核軍拡の到来を実感せざるをえなかった。四月十九日の日記には「重大決意の夜」とある。

翌二十日、広島大学文学部教授だった森瀧さんは、大学に辞表を提出して平和記念公園

に向かう。午後二時から原爆慰霊碑の前で、核実験の中止を訴えて抗議の座り込みを始めた。［重大決意］を実行に移したのである。夜はテントで仮眠するが、昼夜連続で十一泊通して座り込むのは森瀧さんと吉川清さんの二人だけだった。吉川さんはケロイドに覆われた背中を米『ニューヨーク・タイムズ』紙に載せて「原爆一号」と呼ばれていた。

森瀧さんが座り込みを決意したときの談話が、『中国新聞』に載っている。

〈いまが十七年間の広島の苦労が生きるかどうかの別れ道で、この時期に悔いを残さぬよう徹底的に平和運動をやりたい。本気で行動することになれば、大学の勉強も、授業もできぬので、良心的に辞表を出した〉

座り込みの輪は日々広がった。「核実験反対慰霊碑前抗議団」に各界各層の老若男女が参加した。森瀧さんの故郷・君田村からは十三人の激励団がやってきて一緒に座り込んだ。森瀧さんは感激し、［握手、涙］の日記であった。

ある日、座り込んでいる森瀧さんの前を行き来していた女の子が、つぶやくように言った。

「座っとっちゃ止められはすまいでえ」

広島大学教授時代の森瀧市郎さん

この一言は森瀧さんの胸を鋭く貫いた。

座り込みという抗議による平和運動は、核実験や戦争をくい止めることができるのか。そう問われていると受け止め、しばし考えて自答する。

——仮にゲリラ行動を起こしても、それは力による行為であって、平和運動ではない。平和運動はあくまでも非暴力行動によって、世論を呼び起こし、世論を高め強めるより他にありえない。座り込みは非暴力行動の典型である。

まさに「ガンジー主義」であり、核実験に抗議する座り込みは、全国各地で見られるようになった。森瀧さんは「自我を捨てた人間精神の連鎖反応」と解して、次の言葉に結晶させる。

精神的原子の連鎖反応が、物質的原子の連鎖反応にかたねばならぬ。

森瀧さんはこの言葉について、反核運動の「さとり」だったと述べている。幼い少女の問いかけへの答えでもあった。

広島大学に提出した辞表は、学生の「辞めないでコール」と心ある同僚教授の働きかけで不受理となった。以来、森瀧さんはいかなる国の核実験に対しても、抗議の座り込みを続けた。通算で約五百回に及んだ座り込みは、核軍拡競争がそれだけ凄まじかったことを物語っている。

「原水爆禁止広島母の会」の活動

被爆地に「原水爆禁止広島母の会」が誕生したのは一九五九年の初秋だった。被爆詩人の栗原貞子さんらが名を連ね、森瀧さんの妻しげさんも参加している。会誌『ひろしまの河』について、作家の大江健三郎さんは『ヒロシマ・ノート』に〈素晴らしい小雑誌〉と記した。第一九号までの会誌をまとめた合本『ひろしまの河』に、森瀧さんは寄せている。

広島の原水禁運動が大きな試練をうけて、一部には多少の動揺も感じられた時期に、決然として立ちあがろうとする母親グループが現れたことは、広島の原水禁運動にとって大きな支えとなるものであった。（中略）その会誌に「ひろしまの河」と名付けたのには広島の母たちの言いつくせぬ思いがこめられていたことと思われるが、何よりも昭和二十年八月六日の原爆で焼けただれた屍《しかばね》が無数に漂いながれていた広島の川の光景が忘れがたいものであったからであろう。（中略）しかし一方「ひろしまの河」には政治のあぶない方向、安保体制がかためられてゆくにつれて、いやおうなく基地化軍事化してゆく方向への深い憂慮や鋭い批判警告を表明する文章もあった。もちろん、これらが詩や歌ともなって現れた。広島の母たちの思いや願いは滾々《こんこん》と溢《あふ》れて「ひろしまの河」に注いだ。

原水禁運動が保守層に攻撃され、ソ連の核実験をめぐって内部対立が激しくなると、しげさんは『ひろしまの河』で主張した。

〈このソ連の実験に賛成した人たちも、もう一度「頭を冷やして」考えよう。核競争によって世界が平和になるだろうか。たとえソビエトが優位になることによって、社会主義を守り戦争を圧《おさ》え得ると考えても、米国は又それに追いつくだろう。この人類最大の凶器を磨《みが》くことの恐ろしさをソ連の人たちにも、日本人はもっと主張しなければならない。（中略）人類は平和を希《こいねが》っているのに、世界の政治はまるで狂っている。そしていま、日本では、私たちのこうした声を、ペンを、行動を、すべて政治的であるとこじつけて平和運動を骨抜きにしようとしたり、暴力行為であるとして封じこめようとしている政治的暴力、防止法案がのさばっていることに心しなくてはいけない〉

そこで第九回原水爆禁止世界大会（一九六三年）である。八月五日に基調報告を行うにあたり、森瀧さんは広島県原水協理事長として「原爆慰霊碑の前で、私は心にもないことは言えない」と言明した。

午後八時過ぎ、満月の下で森瀧さんは語りかけた。

「広島、長崎、ビキニの被爆体験をもつ日本国民は、原爆はもうごめんだという怒りと憂いから、どこの国のどんな核実験にも核武装にも絶対に反対だと叫ばないではいられなかったのであります」

そして森瀧さんは、こう締めくくった。

「原水禁運動の統一と団結こそが平和への勝利の唯一の鍵であります。平和が勝利し、人類が核戦争の脅威から解放されるとき、そこにはどんな偉大な未来が開かれているることでありましょうか」

森瀧さんは懸命に「統一と団結」を訴えた。大江健三郎さんの『ヒロシマ・ノート』によると、大江さんはこう受け止めた。

森瀧市郎さんと、妻しげさん（1961年）

〈かれは広島に固執している。広島の被爆者の心の内部の道がヒューマニズム一般の原水爆禁止運動の道とつらなる、その人間的なインターチェンジに老哲学者の論理はしっかり立っている〉

だが、基調報告に反対する代表委員が目立った。怒号やヤジも飛んだ。『ヒロシマ・ノート』は〈それは老哲学者が勇敢に、いちばん危険な命題をさけることがない、ということをも示している〉と記し、森瀧さんの不屈の精神を伝えた。

大江さんは『ヒロシマ・ノート』に、しげさんの言葉も紹介している。

〈あの人は策謀的な人間でもなく営利的な人間でもないが、ずっと被団協や原水協の仕事にうちこんできました。自分は哲学者だし、これが現代の倫理だ、と考えているからです。疲労が心労といっしょに蓄積しているんですが、健康をとりもどしたら、新しい平和運動の組織をつくる、という考えだと思います。核戦争をふせぐことより、核兵器をもつこと自体をみんなが許すことは相ならんことです〉

ここに森瀧夫妻の二人三脚がみられる。

三人の聖者の生き方に感銘

「平和行進」が日本で最初に始まったのは、一九五八年の第四回原水禁世界大会からである。広島から東京まで約千キロをつなぐ大行進は六月二十日午前十時、原爆慰霊碑の前をスタートした。

広島県原水協理事長の森瀧さんは出発宣言をしてから、自らも呉市まで歩いた。妻のしげさんは広島駅まで見送りの伴走をしている。延べ約百万人が参加したのは、被爆国の民意があったからだろう。

うちわ太鼓を鳴らして東京まで唯一歩き通したのが、日本山妙法寺（日蓮宗）の西本敦《あつし》師だった。この宗教団体は藤井日達上人《にったつしょうにん》が創設し、世界各地に仏舎利塔《ぶっしゃりとう》を建立するなど平和運動を推進してきた。平和行進の提唱者でもある。森瀧さんは著書で「広島―アウシュヴィッツ平和大行進も、米大陸横断平和大行進でも、ザ・ロンゲスト・ウォークでも、英国縦断平和行進でも、日本山の撃鼓唱題《げきこしょうだい》がひびきわたらぬ行進はなかった」と紹介した。

さらに第四回原水禁世界大会で藤井上人の演説に耳を傾け、感銘を受けた森瀧さんは「原子力時代に於ける人類の新しい道徳的義務について」の分科会で、藤井上人が述べた概要を書きとめている。

原子力時代とは現代文明の頂点を指すものである。それが一類《いちるい》好事の科学者によって、原子力を以て人類絶滅の機械が発明せられ、しかも広大なる権力の下に大殺人組織を結成せる近代国家に安直に奉納された。自己の利権に盲目になれる二、三の政治家の掌中に、原子力殺人機が掌握されておる。この現象が現代の不安と恐怖である。宗教文明に唯一の大光明がある。古今・東西・浅深・長短の相違はあるにしても、一切の諸の宗教を通じて「人が人を殺すな」という人間生存上最緊要にして甚《はなは》だ明瞭なる、唯一無二の大真理を発見し、信受し、宣傳《せんでん》し、実践しておることである。「人が人を殺すな」という禁戒は、古来個人対個人の闘争にも採用されて、社会の平和を建設する第一の役割を果たした。現今原子力時代の国家対国家、主義対主義、民族対民族の間に起こる闘争、利害、憎悪、猜疑《さいぎ》の解消、独利をなくし、世界平和建設の為にも、不殺生戒は第一重要な役割を果たすであろう。

森瀧さんは原爆で右目を失明した秋、中国山地の眼科医院に入院した。野辺を散策するまでに体力の回復をみると、原爆の惨禍について深く考えた。その結果、人類が生存するためには、大量破壊兵器を生みだした「力の文明」を否定するしかないと確信する。かわりに「愛の文明」による道徳を「慈の文化」に求めた。藤井上人の主張に共鳴するゆえんである。
森瀧さんは藤井上人の自伝に加え、ガンジーとシュバイツァーの自伝を熟読する。「これら三つの自傳《じでん》は私の晩年に読んだものであるが、それでも私は若き日のように感動し、若き日のように徹夜して読むこともあった」さらに森瀧さんは「これら三つの自傳には多くの共通点があるが、少なくとも私の感じでは四つの大きな点で共通点がある」と述べ、具体的に次のように記している。

第一に藤井上人が仏教の「不殺生戒」を獅子吼《ししく》されることと、ガンジーが「非暴力」を実践することと、シュバイツァーが「生命への畏敬」を説き且《か》つ実践することには全く似通った趣がある。

第二には、三人ともその前半生のかなり長い自行錬成の期間があって、その後半生が全く化他《けた》救済に捧《ささ》げられていることである。藤井上人は三十三歳以後は「自行」から「化他」に献身するとの夢告《むこく》を得たと語っておられる。

ガンジーが南アフリカから帰国後に母国インドの自治独立に身を捧げるのは、その前半生に二十年間、南アフリカでひどく差別されている同胞のためにたたかいつつ「真実」と「非暴力」の錬磨《れんま》につとめ、ヨハネスブルク郊外やダーバン郊外の道場で一族や同志たちとともに「魂の力」を練り鍛えたのが基礎になっている。シュバイツァーは三十歳までは自らの教養と研究にあて、三十歳以後は何か人のために献身しようと決心していた、それがアフリカ奥地の赤道直下の密林で黒人のための医療活動に長い生涯を捧げることになるのである。

第三は、三人とも宗教的信念に貫かれた一生であって、現代の文明、特に西欧物質文明に鋭い批判をもち、精神文明、宗教・道徳文明の復興に捧げたという共通点がある。

第四には、三人とも核兵器の出現に対して最も深い憂慮をもち、その廃絶によって人類の生存を守ろうとしたことであり、世界平和の建立に捧げたということである。私が三人の聖者に教えを仰ごうとしたのは原爆惨禍の体験からであった。

三人の聖者の共通点をみると、森瀧さんと重なるのは偶然ではないだろう。「私の前に、現代の聖者が現れたのは、勝縁というほかはない」と森瀧さんは語っている。ガンジーら

1962年、アクラ平和会議で。右隣は当時の浜井広島市長

〈三人の聖者〉の思想と森瀧さんの至念が共鳴し合ったのはまぎれもない。

森瀧さんは一九六二年六月にアフリカに飛び、ガーナで開かれた「爆弾のない世界のためのアクラ会議」に出席した。「ヒロシマの証言者」として大統領から招待を受けていた。

第二次世界大戦が終結すると、アフリカでは独立運動が活発になった。列強の植民地にされたコンゴなど十七カ国が一斉に独立した一九六〇年は「アフリカの年」といわれる。

このアフリカ訪問で森瀧さんは「南北問題」に直面した。飢餓《きが》や病気や窮乏などの惨状を目の当たりにして、これらの解消なしに地球上の平和はあり得ないと痛感する。「北」が核軍拡競争に費やす資材やエネルギーや科学技術を、悲惨な「南」への救援に向けるべきではないのか。「東西の融和」による核廃絶こそが「南北のアンバランス」をなくす道につながる――森瀧さんの確たる結論だった。

ガーナの「アクラ平和会議」を終えると、森瀧さんは赤道直下にあるガボン共和国のランバレーネに向かう。現地で献身的な医療活動を続け、一九五二年にノーベル平和賞を受賞したドイツ人のシュバイツァー博士に会うためだった。博士は「力の文明」への批判と実践から、アフリカの奥地で黒人の医療活動に奉仕していた。

森瀧さんは〈三人の聖者〉の一人、シュバイツァー博士について、著書でこう紹介している。

シュバイツァーは西欧文明の中心地を去ってアフリカ奥地の密林に別天地を拓《ひら》き、「生命への畏敬」を根本理念としてランバレーネの病院を創建し悲惨な黒人の医療活動に没頭する。そのこと自体が西欧文明への批判でもあり、懺悔行でもあった。私はシュバイツァー病院の全体の雰囲気の中に「愛の文明」を見出した。

シュバイツァー博士は、森瀧さんが英文で書いた論文「原子力時代における新しき道徳」

で「生命への畏敬」に言及しているのを知ると、すぐさま訊ねてきた。

「この考えは、どこで得たのですか」

「もちろん、先生の『文化と倫理学』からです」と、森瀧さんは即答した。

「生命への畏敬」を信条とするシュバイツァー博士は微笑んだ。このあと博士は、熱帯原生林の国を貫くオゴエ川を船で渡っていたとき、目に飛び込んだ光景を語る。日没、カバの群が流れに逆らわず、悠然と泳いでいた。この瞬間、博士は「生命への畏敬」のインスピレーションを得たという。森瀧さんの言葉では「いのちとうとし」であり、この考え方は反戦と反核に通じる。


博士はその風景が写っている写真を取り出すと、次の一言を記して森瀧さんに手渡した。

〈「生命への畏敬」という理念が倫理的で真実な人道主義の基本要素であることを悟った。感謝をこめて森瀧市郎氏に〉


シュバイツァー博士をアフリカに訪ね、森瀧さんが共鳴と感激を覚えた博士からの贈物は、もう一つあった。木彫りのペン皿である。博士の机の上にも同じ物が置かれていた。博士は親のない子を、四歳のときから育てた。その少年が十七歳になって作ったのが、木彫りのペン皿だった。

「教育をすれば、こんな能力がでるのだよ」

そう言ってシュバイツァー博士は、実に嬉しそうな表情を見せた。「広島子どもを守る会」の会長として、原爆孤児の救援活動を続ける森瀧さんも嬉しかったにちがいない。

現代の聖者たちとの出会いを通じて、森瀧さんの思想と行動は確固たるものとなり、生涯を通じて決して揺らぐことはなかった。

「人類は生きねばならぬ」と退官後も奮迅

［人類は生きねばならぬ　原爆廿《にじゅう》周年を迎えて］

反核・反戦の平和運動と被爆者救援の先頭に立って活動してきた森瀧さんは、被爆二十年を迎える一九六五年の年頭に、そう大書している。前年の十月に中国が核保有国になり、被爆の国・日本では原水爆禁止運動の分裂が決定的となった。新年にあたり、森瀧さんは「力の文明」を否定する原点を見据えて、決意を新たにしたのである。また、広島大学の定年退官を三月末に控えていた。

二月二十日、森瀧さんは広島大学文学部で「平和倫理の研究と実践」をテーマに最終講

1965年、広島大学文学部の大講義室で最終講義

義を行う。一日に発足した原水爆禁止日本国民会議（原水禁）の代表委員に就いたばかりだった。

森瀧さんは前身の広島高等師範学校から三十四年間、広島大学で倫理学概説と道徳学概論の講義をしてきた。教え子の一人で元九州女子大学教授の海老田輝巳さんは〈この頃の講義が、先生の原水爆禁止の平和運動の原点〉とみていた。海老田さんが『森瀧市郎先生の卒寿を記念して』に寄稿した一文から「森瀧運動」の原点を再確認しておきたい。

〈西洋では、人類が幸福になるために自然科学、機械文明を発達させたが、戦争に利用されるたびに科学兵器が極度に発達して、全人類破滅の原子爆弾使用にまで至った。これを阻止して人類が生存できるようにするためには〝力の文化〟から〝慈（愛）の文化〟に転換せねばならない。（中略）これからの時代は、慈の文化によって人類が生きる以外にないと結論づけられた。(中略)道徳学概論は、倫理学概説の講義のあと、「愛の系譜」として講述された。〝愛〟が人間存在の根本であること、世界で聖人と称せられる人びとの何れもが〝愛〟を根本思想に置いていることを指摘された〉

退官前、森瀧さんは大学新聞に「最後の提案」として、学園に関係した原爆犠牲者の慰霊碑建立《こんりゅう》を呼びかけた。[学園が整備され美化されて、原爆の傷痕が蔽《おお》われて行くにつれて、一抹《いちまつ》のさびしさが訪れるのを私は打ち消すことが出来ない。何か残さねばならぬもの、忘れてはならないものがネグレクトされるのではないかという不安とさびしさである]。慰霊碑は、九年後にキャンパスに建てられた。

三月二十五日、文学部の中庭で卒業生送別会が開かれる。森瀧さんは学生に語りかけるに際して、母校の三次高校に建つ倉田百三《ひゃくぞう》文学碑に刻まれた次の言葉を思い出したに相違ない。〈青春は短い　宝石の如《ごと》くにして　それを惜《お》しめ〉。日記にこう書き留めている。[大学で最後のことば。「珠玉《しゅぎょく》の如く汝《なんじ》の青春を惜しめ」を諸君に呈し、私は「珠玉の如く汝の晩年を惜しめ」を自分に言い聞かせる。どんな惜しみ方をするか、これが問題]

森瀧さんは広島大学を退官しても、相変わらず多忙を極める。晩年の惜しみ方を考える暇はなく、「人類は生きねばならぬ」の主題を背負って原水禁運動に奮迅《ふんじん》していくのだった。

被爆二十年の一九六五年八月、原水爆禁止日本国民会議（原水禁）代表委員として基調演説に臨んだ森瀧さんは、ベトナム戦争のことが頭から離れなかった。東西冷戦を背景にして、南ベトナム政府を援助する米国はこの年の二月七日、北ベトナム（ソ連が支援）への空爆を始めた。軍事介入はエスカレートし、七月二十九日には沖縄の嘉手納基地から米軍のB52爆撃機が北爆に向けて飛び立っていた。当時、沖縄は米国の統治下にあり、広島との行き来にはパスポートを要した。そこに書かれた国籍は「琉球人」だった。

森瀧さんは北爆を非難し、ベトナム戦争の即時停止を訴えた。

今日、ベトナム戦争は、全面核戦争への危険をはらんで進展しています。それゆえ、ベトナムの戦火を、いまくいとめることは、原水爆禁止運動の直面するもっとも緊急な課題であります。（中略）アジア最大の核基地といわれる沖縄をわが領土内にもち、新安保体制下の私たちの政府がアメリカのアジア核戦略にまきこまれており、原子力潜水艦の寄港を許し、ベトナム侵略戦争に支持協力の姿勢をとっているとき、唯一の原水爆被爆国であると思っていた私たちの国が、いつしか加害国になろうとしているのです。（中略）ただたんに兵器の発達だけを意味するものではなく、それ以上に、国際的諸関係をゆがめ、政治の質をより邪悪《じゃあく》なものに変えているゆえに、重大であります。かつては、数万単位の人間の運命に直接のかかわりをもっていると思われた戦争も、今日、核兵器時代には、つねに全人類の運命にかかわるものとなっているのであります。

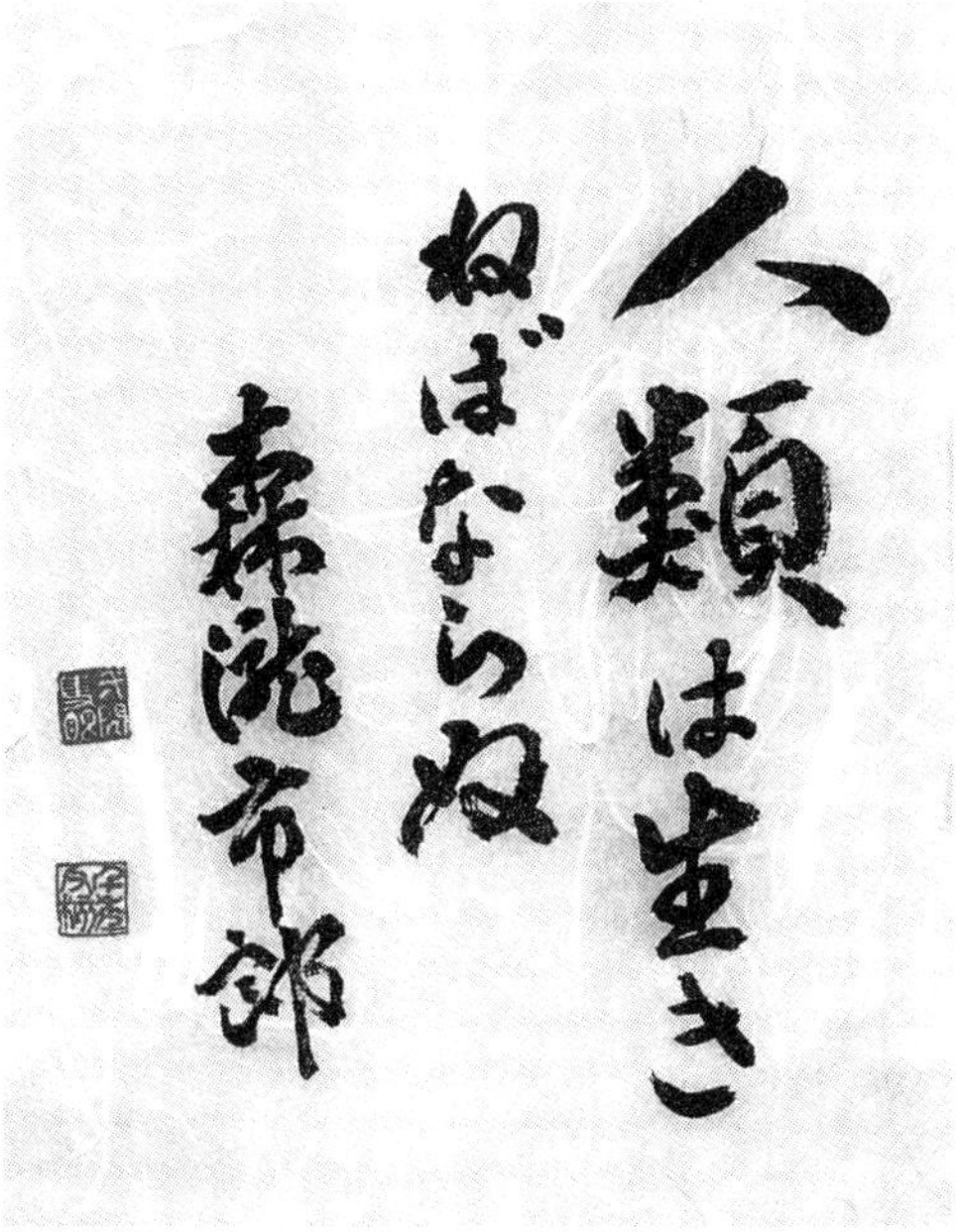

核保有国が増え、核ミサイル技術が向上していることを、森瀧さんは憂慮《ゆうりょ》してやまなかった。

被爆二十年の夏に出された「森瀧談話」には、真理が詰まっている。

第四章　幻想だった核の平和利用

平和利用の名のもとに原発の建設計画

核エネルギーの終末的な破壊力を見せつけた原爆が投下されてから十年を迎える一九六五年は、新年から思わぬ問題に遭遇した。『ヒロシマ戦後史』によると、次のようにまとめられる。

〈アメリカ下院議員であるシドニー・イエーツは、一九五五年一月二七日の下院本会議に、緊急動議として総額二二五〇万ドルの広島原子炉建設法案を提出した。その意図について彼は、「広島と長崎の記憶が鮮明である間に、日本のような国に原子力発電所を建設することは、われわれすべてを両都市に加えた殺傷の記憶から遠ざからせることの出来る劇的で且つキリスト教精神にそうものである」と説明していた〉

森滝市郎さんは一月二十八日に開かれた原水禁広島協議会（常任理事会）の討議について、こう日記に記している。

「イエーツ米国下院議員が広島に原子力発電所を建設すべしとの提案をなした、との報道が今朝の新聞・ラジオで行われたのでこれに関して熱心な討議。結局、市民に問題点を明示する声明書を出すこととなる」

降って湧いた事態に対する声明書の要旨は、次の通りである。

①原子力発電装置の中心となる原子炉は、原爆製造用に転化される懸念がある。
②原子炉から生ずる放射性物質（原子核燃料を燃焼させて残った灰）の人体に与える影響・治療面の完全な実験が行われていないため重大な懸念がある。
③平和利用であっても原子力発電所の運営に関してアメリカの制約を受けることになる。
④さらに、もし戦争が起こった場合には広島が最初の目標になることも予想される。
⑤原爆を落とした罪の償いとして広島に原子力発電所を設置するということもいわれているが、われわれは何よりもまず原子病に悩む数万の広島市民の治療、生活両面にわたる完全な補償を行うことを要望する。

問題点を鋭く指摘した声明ながら、「原子力の平和利用」への声は高まる一方だった。

浜井信三・広島市長の「原子力の最初の犠牲都市に原子力の平和利用が行われることは、亡き犠牲者への慰霊にもなる」との談話に集約されよう。翌年には「広島原子力平和利用博覧会」が開催される。アメリカが世界各地に繰り広げた博覧会で、原発の推進を目的としていた。

結論から言えば広島に原発が建設されることはなかったが、博覧会は「平和利用」を誇示し、日本は原発建設に着手する。ちなみに一九五五年の新聞週間の標語は「新聞は世界平和の原子力」だった。森瀧さんは〈原水爆は「悪」であり「死」であるに対して「平和利用」は「善」であり「生」であるという思考の型は定着していた〉と述懐している。

そうした潮流のなかで発足した日本原爆被害者団体協議会（日本被団協）の結成宣言で、代表委員に就任した森瀧さんはこう訴えた。

人類は私たちの犠牲と苦難をまたふたたび繰り返してはなりません。破壊と死滅の方向に行くおそれのある原子力を決定的に人類の幸福と繁栄との方向に向わせるということこそが、私たちの生きる限りの唯一の願いであります。

原子力を肯定する宣言であり、この草案を書いた森瀧さんは後日、率直に過ちを認めて、次のように述べる。

原子力の「軍事利用」すなわち原爆で、あれだけ悲惨な体験をした私たち広島、長崎の被爆生存者さえも、あれほど恐るべき力が、もし平和的に利用されるとしたら、どんなにすばらしい未来が開かれることだろうかと、今から思えば穴に入りたいほど恥ずかしい空想を抱いていたのである。

森瀧さんが「核と人類は共存できない」と主唱し、「核絶対否定」を打ち出して核兵器と原発を頑として否定するのは、反核の世界行脚を繰り返して世界の科学者たちと語り合った後のことである。

原発は原爆の材料プルトニウムをつくる

核分裂エネルギーの平和利用の名のもとに、原子力発電が日本で最初に稼働したのは一九六六年七月だった。日本原子力発電が茨城県東海村の東海原発で営業運転を始め、さらに大阪万博の一九七〇年三月には福井県の敦賀原発でも運転にこぎつける。関西電力は十一月に福井県の美浜原発で運転を開始し、翌年の三月には東京電力が福島県の福島第一原発を稼働させている。

だが燃料棒にピンホールが見つかるなど、原発はトラブルや小事故を繰り返すのが実情だった。一九六八年には、米軍の原子力潜水艦が寄港した沖縄・那覇港の海底土から高濃度のコバルト60が検出された。漁業関係者は憤激し、その後は原潜に那覇港を使用させなかった。

原水爆禁止日本国民会議（原水禁）の代表委員だった森瀧さんは、原爆ではなく原子力潜水艦の事故などから放出された放射性物質の人体に与える影響に、あらためて衝撃を受けた。当時の状況と経緯を著書で、次のように振り返っている。

被爆二十三周年の原水禁大会になると、その大会基調の中に「世界各地に続発する放射能害」という項目が設けられて、平常時でも核兵器の存在ゆえに、かくのごとく放射能害が起こっている、と警告した。すなわち国内では、佐世保で米原潜ソートフィッシュによる異常放射能で、「この魚には放射能はありません」という貼り紙が魚屋の店頭をかざるなど、放射能害についての市民の大きな反応を呼び起こしたり、六月二日には、九州大学に四千キューリーの放射能がはいったコバルト60照射実験室がある近所に、米軍のF4Cファントム戦闘爆撃機が墜落したりした。

一方、国外では、十四年前のビキニ水爆実験の死の灰を浴びたロンゲラップ島の住民の子どものうち、当時十歳以下だったものの九割が甲状腺機能障害を起こしていることや、一九六一年以降、アメリカの原潜基地として使用されてきたホーリーロッホ港の海底土に増加した放射能は、米原潜の放出した冷却水によるものであることがイギリス海軍によって確認されたことや、アメリカの水爆搭載機B52が墜落したスペインのパロマレスでは、放射能害により住民や家畜に奇病が発生していることなどを挙げて、「このように放射能災害は世界各地で続発しています。いまや、たとえ核戦争が起こらなくても、世界中に張りめぐらされた核兵器が世界各地で放射能害をまきちらし、人類の生存に重大な危害を及ぼしはじめています……」と。「放射能害」を重大視するようになった原水禁国民会議は、ついに翌被爆二十四周年（一九六九年）原水禁大会ではじめて「原子力の平和利用の問題」を掲げた。

そこでは問題点がかなり詳述され、その結びに「私たちは軍事利用反対の立場を堅持した運動を推し進めるとともに、それに劣らない重要問題として「平和利用」を重視し、広範な国民運動にしてゆくことを、とくに今年の重要課題に設定したいと思います。このためにも、私たち自身もう一度、問題を真剣に学習し直し、自然科学的観点からみても、国民を啓蒙できる知識と能力を備えなければなりません」と。ともかくも被爆二十四周年から、はっきりと平和利用問題の学習にとりかかったのである。

アメリカが水爆実験を行った南太平洋・ロンゲラップ島の住民に甲状腺機能障害が多いとの記述を読むと、チェルノブイリや福島の原発事故後に小児甲状腺がんの多発がみられたことに結びついてくる。原発でいったん大事故が起きれば、人体に多大な影響を及ぼすことが明らかになるにつけ、森瀧さんは「平和利用」を喧伝《けんでん》している原発に疑問の目を向ける。

一九七一年四月、森瀧さんは訪米してサンフランシスコからワシントンに向かう。この旅の目的は、原発について憂慮している学者から意見を聞き、参考になる資料を集めることだった。

この旅で歴訪したスタンフォード大学のポーリング博士、ロンドンの聖バーソロミュー病院附属医学校のパトリシア・リンドップ教授、パリのカーペンティエル博士（医学）、およびポーリング博士の紹介で後に相識《し》るようになったゴフマン、タンプリン、イングリスの三博士との出会いは、原水禁国民会議の原発問題への取り組みに深く大きな力となった。私は、サンフランシスコからワシントンへの機上で、ポーリング博士から贈られた小論文の抜刷を読んだ。題目は「高エネルギー放射能の遺伝的・身体的影響」というのであったが、内容は、ゴフマン博士とタンプリン博士の共同論文を支持する論文であった。

ゴフマン、タンプリン両博士は、連邦放射線審議会が年間に受ける放射線の許容量を百七十ミリラドとしているのに反駁《はんばく》して、その十分の一の十七ミリラドにすべきである、との論旨を展開していた。ポーリング博士は、これを支持したうえで、さらに論旨を進め、「許容量というごとき〝敷居〟は存在しない、少なくとも遺伝の問題では」と主張しているのである。

森瀧さんは低い線量でも放射線が遺伝子に与える影響に強い関心をいだき、イギリスに入るやロンドンで物理学者リンドップ教授と面談した。前年のパグウォッシュ会議でリンドップ教授は、原子力の平和利用による公害について発言している。森瀧さんはリンドップ教授の講演を、国際政治学者の坂本義和氏の論文「科学者における平和と国際協力」（月刊誌『世界』に掲載）で読んでいた。

〈「ラッセル・アインシュタイン宣言」の署名者であり、第一回パグウォッシュ会議以来の事務局長であるロートブラット教授自身が、その専門とする放射能の汚染の問題について、協力者J・リンドップ教授と共同でまとめたペーパーを中心として、科学者とくに自然科学者の間で白熱的な討論が行われた。（中略）放射能の生体に及ぼす危害を、とくにこれから増大しようとしている原子力発電との関連で論じた、綿密かつ詳細な科学的、定量的研究報告がなされたことの意義はきわめて大きい。この総会シンポジウムでは、十分な討議の時間を確保するため、女性科学者リンドップ教授が鋭い語調で問題点の要約を行った後、直《ただ》ちに討論に入った。（中略）その報告に異議を唱える人々も、リンドップ教授の自らの学問的生涯を賭けての科学的推論には圧倒された様子であった。（中略）「生かじりの知識をもとに本を書き」原子力発電の手放しの礼賛者になった、いわゆる「専門家」たちに対し、きびしい批判を加えた。「目にも見えず、鼻にも喉《のど》にも感じないけれど、放射能汚染は不具の子を、そして癌《がん》の患者を増やしつつある。この恐るべき事態の進行を隠しておくことは科学者の良心が許さない」と結んだ彼女の発言は、強い感銘を与えた〉

森瀧さんと語り合ったリンドップ教授は、発言内容を日本語訳にすることを快諾した。さらに日本で「原子力の平和利用に伴う放射能害の国際シンポジウム」を開いてはどうか、との提言もあった。

このあと森瀧さんはフランスのパリに飛び、公害問題に詳しいカーペンティエル博士の話に耳を傾ける。原子力の平和利用による公害問題について、森瀧さんはじっくりと聞いた。

欧米への旅を通して森瀧さんは、核被害を真剣に考える科学者の良心に、積極的に行動する人間的な姿勢に、強く心をうたれた。そして被爆二十七年を迎えたとき、原水禁は大会スローガンに「最大の環境破壊、放射能公害を起こす原発・再処理工場設置に反対しよう！」と掲げる。

原子力発電の問題を追究する森瀧さんをして、「この講演は、わが国の原発反対運動の基本理論を構築するうえで出発点となった」と言わしめたのは、米ローレンス放射線研究所のタンプリン博士の特別講演だった。森瀧さんは著書に記している。

博士は「原子炉は、いまだかつて人類が経験したことのないような大事故の可能性をもっている」として、炉心溶解による大量の放射能流出を語る。そして、この種の事故を防ぐものとして緊急炉心冷却装置（ＥＣＣＳ）も、その実験はまだすんでいないことを語る。

前年の一九七一年五月、アメリカで模擬試験中にＥＣＣＳの欠陥が暴露され、原発の安全性をめぐる論争が起きていた。ＥＣＣＳが機能しないと、原発の大事故は想像を超える。タンプリン博士はそのことを踏まえて解説し、森瀧さんは博士の講演趣旨の伝達に努めた。

博士が力説したのは原子炉が大量につくりだす放射性物質の問題、放射性廃棄物の究極的処理の未解決の問題、最後に、最大の問題としてプルトニウムの軍事転用と核拡散の問題はもとより、その絶望的な猛毒性の問題、その管理のために私たちの子孫が永久的にこうむる問題――。原発反対の基本理論は、ほとんど解き尽くされたのである。なお、博士は最後にミクロネシアのロンゲラップ、ウトリックの島の住民の問題にふれ「放射能は、いまなおこれらの島に残っている」と警告した。

タンプリン博士は、このときチェルノブイリ原発と東京電力福島第一原発の大事故を暗示していたのである。

核実験にかぎらず、原発も危険だとなれば、軍事利用と平和利用の区別は意味をなさない。森瀧さんは「平和利用は幻想だった」との確信を強くするのだった。

翌年の一九七四年に開催された原水禁主催の世界会議には米国物理学会の長老イングリス博士が来日する。博士は、原発が原爆の材料となるプルトニウムをつくり出すことを鋭く問題にした。究極的に核戦争の可能性を大きくするだけでなく、プルトニウムには猛毒性があり、微少な一粒でも肺がんを引き起こすと述べた。森瀧さんは、哲学者として、被爆者として、胸のうちで「核と人類は共存できない」との信念をかためる。

「核と人類は共存できない」と世界に訴える

被爆三十年の一九七五年四月、南太平洋のフィジーで「非核太平洋会議」が開かれた。フランスのムルロア環礁での核実験に反対する南太平洋大学の職員や学生らによる「ムルロア実験反対委員会」が主催した。核時代は太平洋から始まり、フランスにかぎらずアメリカはマーシャル諸島で、イギリスはクリスマス島で、それぞれ核実験を繰り返していた。「非核太平洋会議」には、二十二カ国から約九十人が参加している。森瀧さんの姿もあった。オーストラリアの女性の訴えに、森瀧さんは固唾《かたず》を呑んで耳を傾けた。先住民(アボリジニ)の彼女は、原発の原料にするウランの採掘について、こう告発したのだった。

「私たちの無知をいいことにして、祖先の聖なる山、神さんの山を取りあげ、そこを掘ってウランをとるのに、放射能をかぶる一番危ないところで、私たちを働かせているのです」

1975年4月、フィジー非核太平洋会議の参加者と

彼女の国のウラン採掘には日本の資本も入っていた。またアメリカでは原住民インディアンがウラン採掘の反対運動をしている。そうしたことが明らかになった会議では、原子力の平和利用の問題が熱心に議論された。原発の生み出す放射性廃棄物の処分場が太平洋に求められるのではないか、と地域の人たちは気がかりな様子だった。

そして森瀧さんは、ついに決意を表明する。

原水爆禁止日本国民会議（原水禁）が八月五日に広島県立体育館で開いた「被爆三十周年原水爆禁止世界大会・国際会議」で、森瀧さんは日本側の代表として「核と人類は共存できない」と高唱した。翌六日の原爆の日に開かれた原水禁大会の基調講演では、「反原発」のトーンを強めた。森瀧さんの基調講演の要旨は次の通りである。

私たちの運動は広島・長崎の体験から「核兵器絶対否定」の運動として起こ

りました。従って初期の段階では私たちも核エネルギーの平和利用のバラ色の未来を夢みました。しかし今日世界で、ほとんど共通に起こってきました認識は、平和利用という名の核エネルギー利用が決してバラ色の未来を約束するものではなくて、軍事利用と同様に人類の未来を失わせるものではないかということであります。つまり平和利用という名の原子力発電から生ずるプルトニウムはいうまでもなく長崎型原爆の材料でありますから、軍事利用に転用される可能性があることは明白であります。

またプルトニウムは半減期二万四千年というもっとも毒性の極めて強い放射性物質でありますから、まことに厄介《やっかい》きわまるものであります。もっともそれは天然自然にあるのではなく全く人工的に生産されるものであります。ですから原子力発電がたとえ安全であるとしても、そこでは多量のプルトニウムと放射性廃棄物が生産されるのであります。しかもその放射性廃棄物の究極的処理の道はまだ解決されておらず、解決の見込みもないといわれています。

こんな状態で人類のエネルギー源は核分裂エネルギーに求めるほかないといって原子力発電所をこぞってつくり、そこからプルトニウムと放射性廃棄物を莫大に出しつづけるということになれば、そのいきつく所はどういうことになりましょうか。核分裂エネルギーにたよりつづけたら、この地球全体がプルトニウムや放射性廃棄物の故に人類の生存をあやうくされるのであります。

私たちは今日まで核の軍事利用を絶対に否定しつづけてきましたが、今や核の平和利用とよばれる核分裂エネルギーの利用をも否定しなければならぬ核時代に突入したのであります。

「平和利用」ということばにまどわされて「核絶対否定」をためらっていたら、やがて核に否定されるでありましょう。

森瀧さんは国際会議で、「核分裂エネルギーを利用する限り人類は未来を失う、というテーゼを提起したいと思います」と述べてから、強い口調で次のように締めくくった。

人類が核兵器を廃棄できずにいる今日の時代は、まさに狂気の時代です。核の世界的拡散は核威嚇政策の乱用を誘引するでしょうし、局地紛争における核使用の現実性を増すことでしょう。核エネルギーの平和利用もまた人類を危機に陥れることは間違いありません。そのうえ核の平和利用は同時に軍事利用に容易に転用できることも自明であります。核と人類は共存することができません。核分裂利用のすべてを否定する核絶対否定の理念を、いよいよ高く掲げ、人類の生き延びる道を切りひらいていかねばなりません。

反核の力を結集させたい

森瀧さんは「核を絶対的に否定する」と強く打ち出したが、核をめぐる状況は悪化するばかりだった。この現実を前に森瀧さんは今、何をすべきか考えこんだ。

〈平和の力は連帯から発する〉〈核廃絶の究極的な力は生きんとする世界民衆の反核連帯行動に求めるより外はない〉〈被爆国日本の民衆はそのような世界民衆大連合の接着剤として役立つべきである〉〈人類的課題に立ち向かうには国際的人類的連帯にまたねばならぬ〉

そうした観点から足元を見つめると、原水爆禁止運動の分裂が歴然としてあった。〈国内で運動や組織が分裂しているものが、外に向かって国際的人類的連帯をつくりだすことはできない〉。森瀧さんは、共産党系の原水協と社会党・総評系の原水禁の統一を目指すべきだとの結論に達する。原点回帰であり、事実、統一への機運は生まれていた。

分裂して久しい原水協と原水禁に対して、「小異を捨てて大同につけ」と要請したのが「広島・長崎アピール」だった。一九七七年二月二十一日に発表された。

「過去の行きがかりを乗り越え、力を一つに合わせることを、新たな国際的機運は切実に求めている」

いわゆる「五者アピール」と言われ、評論家の中野好夫氏、元日本女子大学長の上代《じょうだい》たの氏、日本山妙法寺山主の藤井日達氏ら五人が名前を連ねた。この夏に広島と長崎で開催が予定されていた国際NGO主催の「被爆の実相究明のための国際シンポジウム」を成功させるために、両組織に大同団結を呼びかけたのである。

原水協と原水禁の統一を望む声が広がるなかで、日本山妙法寺の藤井日達上人は、九十三歳ながら妙法寺の住職が両組織に参加していたことから、統一の仲介に熱心だった。森瀧さんの日記に「統一世界大会について要請。日達上人の御ことづけ」（五月十六日）の記述が見られる。

森瀧さんは五月十八日に単身上京し、東京都内のホテルで、原水協の草野信男理事長との会談に臨んだ。草野さんは東大医学部教授を務めた病理学者だった。広島に原爆が落とされた直後、東大伝染病研究所の助手として、三人の被爆者の遺体を解剖している。当時の草野さんの決意を『検証ヒロシマ』（中国新聞社）にみることができる。

〈「共産党は統一に反対だった。でも世論は圧倒的に統一でしょ」。草野さんは「統一劇」の前に党の原水協担当者に、原水協は党の下部組織かそれとも大衆団体かと迫ったという。「答えは大衆団体。言質をとった。大衆団体だから大衆の意思を反映するのは当然」〉

森瀧さんは草野さんとの会談で、双方が足りない部分を補い合う「相補完」の考えを説明した。草野さんは「一つの受け皿、一つの大会」を主張する。会談は翌日に持ち越され、森瀧さんは日記に記した。「徹宵不眠。終夜まったく孤絶の中で思索。今、日本の原水禁運動の使命を果たす道として大筋見定める」

再会談の末、次の五項目から成る合意書が交わされた。

①八月に統一世界大会を開催②国連軍縮特別総会（翌七八年に開催）に統一代表団を送る

③年内をめどに、国民的大統一の組織を実現④以上の目的を達成するために、広汎な国民世論を結集し得る統一実行委員会の結成⑤原水爆禁止運動の原点に帰り、核兵器絶対否定の道をともに歩む。

いわゆる「五・一九合意」だが、森瀧さんの主張した原発を含めた「核絶対否定」の文言は反対され、「核兵器絶対否定」で落ち着いた。森瀧さんは統一行動への実現を再優先させ、妥協に甘んじたのである。

この合意について森瀧さんは「僕の全存在をかけた最良の結論だよ」と述べた。だが、お膝元の原水禁からの反発はすさまじかった。「国民的統一の組織」とした合意に対して、原水禁の解体を前提にしているのではないか、と非難された。原発問題を棚上げにしたとの批判もあった。一九七七年五月二十日の森瀧さんの日記に、次の記述が見られる。

［全国混乱］［広島でもかなり混乱の様子］［詳しく経過説明す。誤解多く、かなり厳しい批判］［疲れて帰宅］

このときの森瀧さんについて、原水禁事務局長を務めた関口和さんは『森瀧市郎先生の卒寿を記念して』に、こう書いている。

〈森瀧さんは、恐らくこの問題を進め、まとめるのは自分自身が一身に責任を持つ、しかし、この合意内容は、原水禁内部に若干の問題があっても受け入れられると考えたんではないかと思われます〉

しかしながら、長きにわたる両組織の対立は根深く、森瀧さんが統一の先にみる理想との溝は埋まらなかった。とはいえ合意書の否定には至らず、実に十四年ぶりとなる原水爆禁止の統一世界大会が、八月三日の国際会議を皮切りに、六日まで広島で開かれた。森瀧さんは議長団を代表して、一万三千人を前にして、次のように語りかけている。

「平和か絶滅かという核時代の人類の危機にあたって、国内はもとより全世界の反核の力を合わせてこれにあたる以外に道はないというのが統一合意に至った唯一の理由であります。まことに平凡な真理でありますが、およそ物事が成就するのは人の和合の力であります。私たちはこの統一大会によって全国民、全世界の人民の反核のための大和合を実現しようではありませんか」

だが両組織の足並みは乱れた。原水協は統一世界大会のみに参加したが、原水禁はその前後に独自の集会を開いた。原発に反対する運動団体との連携も大事にしたかったからにほかならない。

このとき原水協は「原子力の平和利用は否定しない」との立場で、原水禁は「いかなる核にも反対」だった。原水爆禁止運動の統一は大同であるが、原発問題は森瀧さんにとって小異ではないはずだから、その胸中の苦悩が察せられる。森瀧さんは八日に長崎で開かれた「被爆者問題分散会」でこう語った。

「原水禁を解体して統一することは考えておりません。組織統一というのは、主体性をもった連合形態しかない。たとえば原水爆禁止国民連合か反核連合という類のものです」

反核の力を集結させたい――と願う森瀧さんであった。

「ヒロシマの役割」を再認識する

インド独立の父・ガンジーは晩年、「一つのインド」の実現を目指して奔走《ほんそう》した。『ガンジー』に次の記述がみられる。

〈ヒンドゥー・回教両派融和、そして一つのインド実現の信念の火を自らかきたてた。(中略）ガンジーは思想の人であり、信念の人であったが、それよりもなによりも行動の人であった。（中略）荒地を巡礼するガンジーの胸の底には、ただヒンドゥー教徒と回教徒の融和、そして一つのインドへの信念があった。その信念を一歩一歩自分自身にたしかめるかのように、ガンジーは危険を冒して、インド的な宗教的狂気の嵐の中をすすんだのである〉

両教徒の争いが激しい地を歩くガンジーの姿は、原水爆禁止運動の国民的統一を願って行動した森瀧さんの姿と重なる。だが理想は遠く、ガンジーは凶弾に倒れ、森瀧さんは過労死の一歩手前までいった。

ガンジー（1869-1948）

森瀧さんにとってつらかったのは、身内の原水禁からの反発が強かったことだろう。「核絶対否定」を志念とする森瀧さんだけに、原発問題への対応は悩ましかったに相違ない。当時の森瀧さんについて、長男の健一郎さんは追悼集に次のように寄せている。

〈反核運動の統一を求めてやまなかった父は、大変苦悩し、すっかり憔悴《しょうすい》していたのを、今もありありと覚えております。父は死ぬのではないかと本気で心配したほどでございます〉

このあと森瀧さんは、中国山地の郷里にひっそりと帰った。次のように打ち明けている。

私が挫折したり弱りこんだりした時は、私はたいてい郷里にかくれて静養する。君田には甥夫婦が居り、永田には姪夫婦が居る。どんなに弱りこんで帰っても、そこに数日居ればすっかり癒されるのである。先年（一九七七年）私が原水禁運動の国民的統一を願って、いわゆる「五・一九合意」を実現した時、思わぬ誤解や非難の渦中で、遂に病臥《びょうが》してしまったことがある。その時も私はひそかに郷里にかえり、君田の生家と姪夫婦の家で静養した。ふるさとの自然と人のやさしさは、私のきずついた心も体も、たちどころに癒してくれた。

郷里は森瀧さんの思想を深め、さらには心身の困憊《こんぱい》を癒した。森瀧さんは英気を養って、生まれ故郷を後にするのだった。

そして一九八一年二月二十五日、森瀧さんは再出発を後押しされる言葉に出会う。ローマ法王ヨハネ・パウロ二世が原爆慰霊碑の前から、次の「平和アピール」を発表した。

「戦争は人間のしわざです。広島と長崎は、平和を築きあげようとする人間の努力を打ち砕くのは戦争であるという警告を将来の世代に告げるため永久にその名をとどめるでしょう。私が広島の訪問を希望したのは、過去を振り返ることは将来に対する責任を担うことだという強い確信を持っているからです。広島を考えることは、核戦争を拒否することです。広島を考えることは、平和に対しての責任をとることです」

会場で聞き入った森瀧さんは日記に記した。

「私が待ちに待った言葉である。私に新たに出発させる言葉である。広島にいながら、生き残った者でありながら、こんなことでよいのかと深くしかられた言葉である。私はもう迷わない。ただ命をかけて歩いていったらよいのである。歩いてゆかねばならないのである」

さらにローマ法皇は、公会堂に舞台を移して記念講演をしている。感動を新たにした森瀧さんは、日記に書き留めた。［倫理の優位。技術と倫理のリンク。精神の優位。近代の科学、技術への深い批判。良心、精神の強調。アピールも、この講演で一層深くわかる」

心身とも清新の気に満ちた森瀧さんは、五月にハワイのオアフ島で開催された「非核太平洋会議」に強い反核の決意を胸に臨んだ。というのも一月に米国でレーガン政権が誕生するや、ソ連への対抗から「強いアメリカ」を掲げて力の外交を推し進めるようになり、米ソの冷戦は緊張状態に戻っていた。

ソ連は一九七七年、欧州東部に射程距離の長い戦域核ミサイルＳＳ20を配備する。対してレーガン大統領は「アメリカの軍事力は平和への前提条件である」と主張し、弾道ミサイル・パーシングⅡをイギリス、西ドイツ、イタリアなどの同盟国に配備する計画を打ち出した。戦域核兵器の中距離ミサイルはわずか十分たらずで目標を攻撃できる。このため「ヨーロッパを核戦争の戦場にするな」と配備反対の声が強まり、反核運動は世界規模になっていった。

ハワイ会議に臨んだ森瀧さんは「非核太平洋人民憲章」を提案する。満場一致で採択された憲章は〈われら太平洋人民は、われらの恵みとなるような西欧文明しか選ばないという意思を再確認する〉などの六項目からなる。太平洋地域を非核地帯として、核兵器も原発も認めない――という強い意思表示であった。

森瀧さんは十一月に入ると、今度は西ドイツを訪れる。「緑の党」を創設した一人として知られる、ペトラ・ケリーさんから反核集会への参加招請を受けた。このとき森瀧さんは八十歳を迎えており、周囲は体調を気遣ったが、当人は「被爆国である日本、とりわけ広島は、非核太平洋と非核ヨーロッパの接着剤にならねばならぬ」と断固として訪独を決意する。西ドイツのドルトムント市で十一月十六日に開催された集会で、森瀧さんは力強く訴えた。

核保有国の大義名分は核抑止です。核兵器は戦争を抑止するためのものであるという。しかし、限定核戦争を想定した戦域核兵器は使わない兵器ではなく、使われる兵器なのです。この戦域核兵器の登場で、核戦争の危険が現実となりました。（中略）ヨーロッパがヒロシマになってはなりません。核戦争は起こってはならないのです。

1981 年 11 月、西ドイツの反核集会に出席した森瀧市郎さん（着席者の左から 2 人目）

会場を埋めた参加者は、次々と森瀧さんに握手を求め、「私たちの町の集会にも来てほしい」と懇請した。森瀧さんはこれに応じて、ボン、フランクフルト、デュッセルドルフ、ハンブルク、キールと回った。同行した近藤幸四郎さん（元広島県被団協事務局次長）は追悼集で打ち明けている。

〈体のことが心配で、旅費も十分でなかったし、訪問先は最小限にしましょうと提案したのだが、森瀧先生は可能な限り訪問したいと希望され、休む間もない状態だった。そうすることがヒロシマの使命という思いからだったのでしょう、一時も無駄に出来ないと駆り立てられているようだった〉

翌年の一九八二年六月には、第二回国連軍縮特別総会（ＳＳＤⅡ）にあわせて渡米する。

ニューヨークの反核集会には百万人もの人々が結集していた。森瀧さんは壇上からアピールした。

「狂気じみた核軍拡競争を止めさせよう。その究極の力となるのは、生きんとする世界の人民大衆の連帯行動です」

しかしながら、ＳＳＤⅡは大きな成果なく幕を閉じた。森瀧さんは「世界民衆の反核の必要性、いよいよ痛切となる」と日記に残した。

米ソの東西冷戦が続いた後に新デタント（緊張緩和）が訪れたのは、ソ連にゴルバチョフ政権が誕生したときであった。一九八五年三月のことで、ゴルバチョフ書記長は四月に東欧への中距離ミサイルＳＳ20の配備凍結を打ち出した。十一月にはレーガン米大統領との間で、攻撃核兵器の半減に合意し、共同声明で「核不戦」が宣言される。

被爆四十年の節目にあたり、森瀧さんは素直に喜んだ。日記に「緊張激化から抜け出して緊張緩和への第一歩。世界民衆の反核・反戦の行動と声が、ますます今後の世界平和に必要不可欠」とある。

そうした潮流に逆行するかのように、原水協と原水禁による統一原水爆禁止世界大会は、一九八五年八月でピリオドが打たれた。

非核の未来をつくらねばならない

一九八五年六月、森瀧さんは被爆者訪中団の団長として初めて中国を訪れた。原爆で右目を奪われ、残された左目の視力も原爆白内障で悪化していたが「日本が侵略した跡を見ておきたい」と手術を受けた。八十四歳の訪中だった。

南京の歓迎会で、森瀧さんは謝辞を述べてから、こう語った。

「虐殺の罪悪を懺悔し、反省することが、反戦・平和運動のもとであります。原爆惨禍の体験が反核のもとであります。反戦・反核の運動に邁進することが償いになると思います」

森瀧さんの「謝罪と連帯の旅」は中国各地で歓迎を受け、上海の副主席からは「和平老人」の尊号を授与された。森瀧さんは語っている。

「花咲じいさんとか、サンタのおじいさんという名はあるが、平和のおじいさんというのは初めてなので、喜んでいただいた」

被爆の哲学者は「平和のおじいさん」として「非核の未来」に向けて、「世界の核被害者」との連帯に乗り出す。核実験によるヒバクシャのみならず、原発によるヒバクシャについて、講演でこう話している。
「原子力発電所があちこちにできるようになりますと、ウランを掘り出す、精製して核燃料をつくる、それを燃やして原子力発電をする、あるいはその燃えカスを再処理する、どの段階をとってみても、ヒバクシャが出ます。なんらかの放射能をかぶらざるを得ない運命にあるのです。そうならないためには、ウランを掘り出すなということです。核絶対否定により、核なき未来を求めるとき、我々は世界の核被害者と手を結ばなければなりません」

1985 年 6 月、被爆者訪中団の団長として中国を訪問
（前列右から 3 人目が森瀧市郎さん）

　被爆の哲学者として「核絶対否定」を高唱した森瀧さんは、八十六歳を迎える一九八七年の元旦に「その年は遂に来たれり　わが言いし核被害者の　世界大会」と詠んだ。九月にニューヨークで開催される第一回核被害者世界大会への意気込みが伝わってくる。というのも森瀧さんの熱意で一

1987年9月、ニューヨークで開催された第1回核被害者世界大会で挨拶する森瀧市郎さん

九八五年に広島で開いた「国際ヒバクシャ・フォーラム」を受けての世界大会なので、まさに「その年は遂に来たれり」であった。一月三十一日に東京の総評会館で世界大会の日本実行委員会が結成され、森瀧さんは代表に就任する。

「核被害者世界大会は核時代にあって、決定的に大きな意味を持ちます。非核世界、非核文明を目指して、成功に導きましょう」

そう述べた森瀧さんの脳裡には、旧ソ連（現ウクライナ）のチェルノブイリ原発事故の大惨事が焼き付いていたに相違ない。前年の四月に起きた炉心溶融による爆発で原子炉建屋の大半が吹き飛び、約十三万五千人の住民が強制的に避難させられた。年末までに三十二人が犠牲になり、多くのヒバクシャを生み出した。ゴルバチョフ書記長は「核エネルギーをコントロールできない事故に初めて直面した」と語った。森瀧さんは「原発事故はコンクリート密閉のまま数百年を要す。再生も解体も不可能で、放射能の減衰を待つだけ」と日記に書いている。

原爆や水爆だけでなく、ウランの採掘から原発事故による核被害までを含めたグローバル・ヒバクシャの存在に、森瀧さんは心を痛めていた。「核と人類は共存できない」と再認識して、ニューヨークの核被害者世界大会に臨んだ。

九月二十四日の開会総会で最初の発言者に指名されると、森瀧さんは被爆体験を語り、「人類は生きねばならぬ、生きるためには非核の未来をつくらねばなりません」と訴えかけた。基調講演の骨子は次の通りである。

私が原爆被爆後、半年間の入院生活のなかで到達した思索の結論は「力の文明から愛の文明へ」ということであった。しかし原爆後四十二年間、私が「力の文明」として批判したものは、その方向を変えようとはしなかった。「力の文明」の最先端で出現した核兵器は原爆から水爆へ、原水爆から核ミサイルへと進み、米ソの核ミサイル競争は宇宙空間までひろがった。

そのうえ、核は軍事利用に止まらず、商業利用に進み、原子力発電は全地球上に建設され、世界のエネルギー源の大半に達しようとしている。このような核の軍事利用と商業利用の両面で私たちはいつのまにか「核文明」のどまんなかに立たされているのである。原爆直後の入院生活の中で私が「力の文明」と呼んだものは、今やはっきりと「核文明」という姿をとってきているのである。

私たちの反核平和運動は核の軍事利用はもとより核の商業利用をも是認肯定せず、絶対に否定し拒否してゆく立場、即ち「核絶対否定」の立場に立って推し進められてきた。私たちは今や、核絶対否定の立場に立って核文明と対決しようとしているのである。核文明の時代をたちきり、非核の未来、非核文明の時代を拓こうとしているのである。「力の文明から愛の文明へ」の叫びは今や、「核文明から非核文明への転換」の叫びなのである。

核文明は科学・技術に主導される産業文明の頂点である。そのような産業文明は巨大なエネルギーに立脚した巨大生産であり、一方、巨大消費である。私たちは今そんな巨大生産・巨大消費のなかで、子孫のものまで使い果たそうとしている。地球上で無限の資源というものはない。資源はたいせつにして節約して子孫に譲り残さなかったら、子孫の生きる余地はない。私たちは先ず巨大なものをめざすことを止めなければならない。そして、小さきものに美を求めなければならない。

非核未来は巨大な核エネルギーにたよらない未来である。太陽・風・水・波・地熱等の代替エネルギーで事足りるようにしようというのである。自然の循環の範囲内でつつましく生きてゆこうとするのである。

力の文明は「自然征服」の思想に立つ。自然征服の思想は近代物質文明進展の動力であった。しかし言葉だけにしても「征服」というのはよい言葉ではない。自然を征服するのではなくて、自然に随順してこそ深い人間らしい生活と文明である。アメリカ先住民の「母なる大地」の思想や「自然との共生」という生活態度こそが愛の文明の基盤なのである。

力の文明の根底には征服・支配・抑圧と隷従《れいじゅう》・差別・無権利の対立関係がある。愛の文明は地球上の人間の平等共生の上に築かれる。殺し合うのでなくて生かし合い、奪い合うのでなくて譲り合って「万人同胞」たるところに実現される文明である。力(暴力)を否定して「非暴力」を説き実践したマハートマ・ガンジーの精神に立って実現される文明である。

力の文明は外へ外へと開発の情熱が向かい、宇宙開発にまで立ち向かおうとする。愛の文明は内へ内へと向かっての開発に情熱をそそぐ。限りなく豊かな内面世界を開発しようとする。そこには限りない精神文明の創造が待望されるのである。

森瀧さんは日記に「私のいわば世界への宣言である。そのための私の生涯である。原爆後から今日までの私の願いが吐露《とろ》されたのである」と書いた。大会の四日目、森瀧さんは「人類は生きねばならぬ」と大書した布を胸にあて、デモ行進に参加する。集会でマイクを握ると、聴衆を前にこう呼びかけた。

「私たちが知った核被害者の実態は、全世界に認識させねばなりません。国連は世界の核被害者の実態を調査し、研究し、救済する機関を設立すべきです」

国連に向けて訴えるなど、森瀧さんは懸命だった。記者会見では、参加者を代表して、核被害者の実情を説明し、力強く決意を述べた。

「私たち核被害者は、放射線による病気の症候が共通しています。そのことを、どの国の政府や企業も認めようとせず、隠そうとしていることを知りました。この大会を新たな出発点にして、全世界に反核・平和の運動を展開し、非核世界をひらく覚悟です」

被爆国から来た反核の父は、世界の核被害者のシンボルでもあった。

「それでも原発は危険だ」と言いつづける

住民が国に対して、原子力発電所の設置許可の取り消しを求めた最初の裁判は、一九七三年八月に松山地裁に提訴した「伊方原発訴訟」だった。四国電力が愛媛県・伊方町に建設中の伊方原発一号機の安全性をめぐって争われ、原発の炉心溶融（メルトダウン）の危険性に言及したことから、日本初の科学訴訟ともいわれた。

森瀧さんは「核と人類は共存できない」と主唱して、原告側に支援者として加わった。だが松山地裁は一九七八年四月、原告の住民三十五人の請求を棄却する。国側の主張を採用し、原発の安全性に太鼓判を押す判決だった。森瀧さんは日記に書いている。

「ガリレオはその地動説の放棄を命じられたが「それでも地球は動く」とつぶやいた。伊方の人たちも「それでも原発は危険だ」と言いつづけるであろう」

この松山地裁の判決から一年後の三月、米国ペンシルベニア州スリーマイル島で原発事故が起きた。炉心に冷却水を送る給水系のトラブルから燃料棒が破損して放射性物質が外部に放出される大事故となった。伊方原発訴訟で原告側が危険性を指摘した通りで、原発の安全神話を打ち砕いた。

このとき森瀧さんは「松山地裁が下した「安全判決」にいたるまでの科学的論争を回想しないでおられなかった」と振り返り、支援する原告側の「準備書面」を高く評価した。たとえば「面倒な実験をコンピューターの操作で置き換えようという、本件安全審査でも採用されている方法」について、こう述べている。

この方法を原告側準備書面ではコンピューターに対する迷信に過ぎぬと批判し、よしんばコンピューターの助けを借りたとしても、最終的には実験という操作で確かめる以外に途はないのであると主張する。このように、加圧水型原子炉の安全を保証する筈の最後のよりどころであるＥＣＣＳ（緊急炉心冷却装置）が、確実に役立つか否かの実験・実証は、まだないままで急ぎ進められていることの危険性を強く警告しているのである。（中略）準備書面の所論はスリーマイル島原発事故で実証されたのである。もうひとつ逆に言えば、この準備書面のこの所論は、スリーマイル島事故のいわば科学的予言であったようにさえ私には思えるのである。

原告の住民は高松高裁に控訴するものの敗訴し、さらに最高裁に上告したが、一九九二年二月に最高裁が請求を棄却したため敗訴が確定している。森瀧さんが「原発論争史上不滅の文献となるであろう」と絶賛した準備書面ながら、原発が国策であることを示した訴訟であった。

伊方原発反対八西連絡協議会の会長を務めた廣野房一さんは、次のように追悼集に寄せている。

〈「子孫に不安を残してはならないという大原則」を貫かれたことは、万人の等しく認めるところであります。（中略）先生が下さった「核絶対否定　森瀧市郎」の額が、私の床の間で常時頑張れと語りかけて下さっております〉

さて、四国の伊方から転じて、青森県上北郡の六ヶ所村である。核燃料サイクル施設の建設計画が表面化してから、下北半島の付け根に位置する六ヶ所村は注目され始めた。その計画は、ウランの濃縮工場や低レベル放射性廃棄物埋設センター、さらに使用済み核燃料からプルトニウムを抽出する再処理工場の建設などであった。

一九八五年四月に青森県、六ヶ所村、日本原燃サービスなどの間で立地基本協定が締結された。フランスなど海外から返還される高レベル放射性廃棄物の一時貯蔵施設が追加申請されると、反対運動は全国規模に広がる。日本最初の核燃料サイクル施設の建設とあって、森瀧さんは「核絶対否定」の立場からとうてい認めることなどできなかった。

このとき、妻のしげさんからの叱咤もあったに相違ない。というのも「原水禁広島母の会」の会誌『ひろしまの河』に寄せた、しげさんの次の一文が物語っている。

〈「核の平和利用」のことばは、一部の人々には早くから核アレルギーの恐怖、被爆者の怒りを消し去るかっこうの言葉だと見破られていた。かくて原子力発電所の度重なる事故の恐怖をごまかしかくすべく、次には「安全性への志向」として我々の税金は巨大な予算としてつぎこまれて来た。「安全な原発を」と宣伝する主役は全く政府なのである。「核の平和利用で文化生活を」とキャッチフレーズとしている。そして多くの人々が「安全な平和利用こそは確かに必要」という、そこに依存し、期待をかけ、定着させられてしまっているのではないだろうか。しかし、完全に安全なものに、原子力の核分裂による発電は成り得るのだろうか。そこから出て来る廃棄物はどう処理されているのであろうか。（中略）ちいさな日本列島にならんだ原発の、その放射能が、ながい間にはどれ程、直接間接に人間を腐蝕《ふしょく》してゆくかを考える時、被爆の悲惨を知っている我々は、平和利用の名にかくされたごまかしに、絶対のってはいられぬのである。原発には故障も起こる。廃棄物の問題もある。放射能の問題もある。そしてそれ程巨大なエネルギーは人間生活の幸せの為には絶対に不必要だというのだ。（中略）我々は原爆の製造、使用、保有に抗議をして来た。しかし、それだけでは、狂気じみた核競争は圧《おさ》えられないであろう。形をかえた「平和利用」の眩覚《げんかく》にまどわされてはならぬ〉

東京電力福島第一原子力発電所の事故を思い出すまでもなく、約四十年前にしげさんが書いた「今、大切なことは」には、まぎれもなく真理がある。

夫の森瀧さんは、核燃料サイクル基地の建設に反対する六ヶ所村の住民との交流を深める。一九八九年四月八日、青森市文化ホールで開かれた「核燃料サイクル反対全国集会」に参加し、翌日は六ヶ所村の現地集会に臨んだ。さらに森瀧さんは、核燃基地を包囲する人間の鎖の先頭に立った。八十八歳の誕生日を二十日後に控えての行動であり、日記にこう書いた。

「一万人余の人々が旗を押し立てて集まって来たのである。いい得ぬ感動。原水禁運動は生きている」

しかし一九八八年十月、再処理施設を除いたウラン濃縮施設などは、その建設工事に着工する。森瀧さんは原発の稼働で生み出される、核兵器の材料となるプルトニウムの存在に強い懸念をいだき続けた。

「いのちとうとし」のラストメッセージ

米軍に原爆を落とされたとき、広島赤十字病院は爆心地から一・六キロの距離にあった。鉄筋三階建ての病棟は骨組みを残して大破したが、類焼を免れたため被爆者が殺到した。以来、被爆者の治療と健康管理にあたり、六年後には構内に「原爆病院」を開院する。一九八八年に二つの病院を統合して広島赤十字・原爆病院と改称した。

核と人類は共存できない――との至念から反核・反戦と被爆者援護運動の先頭に立ってきた森瀧さんが、広島市中区にあるこの病院に入院したのは一九九〇年九月だった。肋骨《ろっこつ》カリエスのため肋骨二本を切除し、入院は十カ月に及んだ。

森瀧さんは体の不自由や痛みを一切口にせず、「元気です、とても元気です」と言って、主治医をほほ笑ませた。原爆で右目を奪われ、残った左目も原爆白内障で視力は弱り、ほとんど見えなくなったため一九八五年に手術を受けた。そうしたことを気づかせず、確固不動のたたずまいだった。思いやりの深い森瀧さんらしい一面である。

1989年6月、平和記念公園で記録映画の撮影に応じる森瀧市郎さん

森瀧さんが再入院したのは一九九三年八月十二日のことで、この年も多忙をきわめた。六月に発足した「原爆ドームの世界遺産化をすすめる会」の代表委員の一人となり、七月には原爆慰霊碑前での「核実験抗議二十周年記念座り込み」があり、最初の実践者として座り込んだ。八月四日の原水禁世界大会では主催者を

代表してスピーチを行い、原爆の日の六日は広島県被団協の原爆死没者追悼慰霊式典で追悼の辞を述べた。このあと入院を余儀なくされるが、実は末期の胃がんだった。

当初は流動食をとっていたが、間もなく食べることができなくなった。次女の春子さんはこう振り返る。

「父が九十歳を越えたとき、最期は老衰で見送れると思っていました。それだけに胃がんの末期という診断は、父も遅れた被爆死を逃れられないのかと、それは悔しくてならなかった。今も悔しいです」

病室で付き添った春子さんは追悼集で、次のように振り返っている。

〈十二月初旬より、痛みをやわらげるための麻薬が点滴に入り出した時、医師から「これを始めると、意識がもうろうとして人格的にこれまで通りにはいかなくなる」と言われ、恐れていたが、時々もうろうとするだけで、ほとんど正常に過ごした。それだけ痛みをひどく感じていたのだろうが。

ある午後、眠りから覚めてまだもうろうとした状態の中で、父は突然大声で「春子、今日は行かねばならんだろう」と言う。私はびっくりして「どこに?」と聞くと、「座り込みじゃがのー」というのだ。その二日前には姉が傍らで花を活けていると、父が目をつむったまま「安子、今日は何曜日かいのー。何か大きな行事があるような気がするが」。「何もないと思うけど」と姉が答えると、安心してまた眠りについたこともあった。それらの出来事は死のほんの五日ほど前にあったことで、私たち姉妹は、父の脳裏に常にある責務感、休むことなく歩き続けてきた使命感の大きさに、ぼう然とした。それは父が九十歳の春に詠んだ「たまきはる　いのちとうとし　かしこみてひとすじの道　生くべかりけり」という歌そのものだった〉

森瀧さんは、朦朧《もうろう》としながらも「ひとすじの道」を歩いていたのである。

年頭の挨拶文のタイトルは「いのちとうとし」だった。広島県原爆被害者団体協議会の理事長として、森瀧さんが「被団協通信新年号」（一九九四年）に寄せた一文は巻頭を飾った。三十八年間にわたって理事長を務める森瀧さんが、この原稿を書いたのは入院先の広島赤十字・原爆病院である。前年の年の瀬、末期の胃がんのため震える手に力をこめて、森瀧さんはいっきに筆を走らせた。

付き添っていた春子さんは、かなり乱れた筆跡を見て力を使い果たしたのだと察する。

判読しがたい箇所もあり、春子さんは清書してもらうため父親を元気づけて読み上げた。このとき、これが最後のメッセージになるかもしれないと覚悟した。それだけに短い文章にこめられた「核絶対否定」と「反戦・反核」への強い意志、国家補償による被爆者援護法を実現させたいという悲壮な願いが、春子さんの胸に迫った。「涙とともに熱い思いがこみあげてきました」と春子さんは述懐する。

春子さんが語るように、森瀧さんは日本被団協の理事長として、国家補償による被爆者援護法を実現に向けて最後まで取り組んだ。それは戦争をさせないための国家補償を意味したからにほかならない。

森瀧さんは――「戦傷病者戦没者遺族等援護法」は旧憲法下の「戦争の貢献度」に応じ、「被爆者援護法」は平和憲法下の「平和への貢献度」で考えられる性質であり、両者は本質的に異なる――と論じて、次のように著書に書いた。

この空前の犠牲惨禍の故に国家も終戦を決意し、戦後の平和憲法もでき、核戦争も抑止されてきたではないか。むしろ「平和への貢献度」をみとめて、国家として当然つぐなうべきものをつぐなって貰いたいというのが被爆者の心情である。

森瀧さんは、平和憲法の礎に立つ国家補償の理念にこだわり続けた。しかし政府は戦争被害の「受忍論」を展開し、被爆者対策を社会保障の枠内におさめた。森瀧さんは［あやまりの根源は旧来の戦争観］にあると断じ、［そこから一般的戦災の受忍の論理がでてくる］と国家の論理を批判した。しかし、政府の方針は変わっていない。

森瀧さんのラストメッセージは次の通りである。

被爆した私たちは人類史上はじめての核兵器で地上の地獄ともいうべき惨禍を受けました。しかしともかくも生きのびて、この新年までは賀詞を交換することができました。（中略）私たちには、はっきり言えることが二つあります。一つは「いのちとうとし、人類は生きねばならぬ」ということです。それには核兵器を廃絶しなければなりません。先ず、核物質をつくらぬことです。プルトニウムを産出しないことです。核戦争をしないことです。私たちのおそろしい核体験談を根気よく語って核戦争のおろかさをあばくことです。核廃絶の可能性は私たち生きんとする人民大衆の連帯にかかっています。今ひとつは、われわれ被爆者の悲願である被爆者援護法制定を国家補償の精神のもとに実現することです。今年は原爆五十回忌になります。亡くなった多くの犠牲者のためにも、生き残った被爆者のためにも絶対に実現しなければなりません。

このとき森瀧さんは死期を察していたようで、春子さんにこう話している。

「春子が年賀状を用意してくれて宛名も書いてくれると言うが、欠礼状か年賀状か、どちらの宛名を書くことになるかわからんな」

そして森瀧さんは、主治医の一大決心のもとに元旦から三日まで自宅で過ごした。妻のしげさんはこう詠んだ。

1993 年 12 月 27 日、広島赤十字・原爆病院で

〈病院より帰宅外泊の夫を囲み　この炬燵《こたつ》部屋に福茶福柿〉
〈おそらくは夫に最後の新春とならん　集える子・孫やさしかりけり〉

一九九四年一月二十五日午前十一時半過ぎ、被爆者救援運動をしてきた老婦人が、森瀧さんを見舞いに病室を訪れた。森瀧さんは別れの握手をしようとしたが手が上がらなかった。彼女が森瀧さんの手を握ると、かすかに応えて、間もなく息を引き取った。老婦人に笑顔を見せようとしたのか、そばにいた春子さんは「笑みをたたえ、優しい表情でした」と振り返る。春子さんは追悼集にこう書き留めた。

〈父は生きる目標だった核廃絶と被爆者援護法制定を果たしえなかった。厳しい現実を知り尽くしながら、父は絶望しなかった。最後まで「生きんとする人民大衆の連帯」に希望をつないだ。父は、生き残された人々、これから生きゆく人々が「命とうとし、人類は生きねばならぬ」と叫び続けることを信じて、今はささやかな安らぎの時を送っているように、私には思える〉

反核の父・森瀧市郎さん、享年九十二だった。

第五章　ウラン採掘に始まる放射能汚染

インド・パキスタンの若者と平和交流

反核の父・森瀧市郎さんが亡くなって二カ月後の一九九四年三月、広島国際会議場で被爆者援護法の実現を求める決起集会が開かれた。この集会で、次女の森瀧春子さんは挨拶をすることになった。

「大勢の被爆者の皆さんの前に立ったとき、年老いた姿に胸をつかれました。父はこの人たちと半世紀もの間、史上最悪の人間的悲惨さを二度と繰り返させないために国家補償に基づく被爆者援護法を求め続け、また核廃絶運動をともに闘ってきたのだと思うと、今度は胸がいっぱいになりました。このとき私は、父と共にある気がしました。天空のどこかで、父は永遠にこの人たちと一緒に闘い続けるだろう、と感じたのです」

反核の父ありて、反核の娘であった。晩年の父親に介護役として付き添うなかで、森瀧さんはこう感じ取っている。

〈若い人たちに積極的に自らの被爆体験を語り、それから出発した平和運動へのかかわり、今日の危機的な核状況、その中で人類が生きのびることの厳しさと大切さ、などをこんこんと説く父を、私は聖者の伝道を見る思いで見守っていた。また集会では、反核への訴えを繰り返す父の姿に、これほど純粋に信念を貫く人はいないのでは、と思ったりした〉

反核の父のそばで育ち、ごく自然に反核の娘となった森瀧さんは、市郎さんが他界してから三年後、亡父の同志ともいうべき二人の被爆者の会話に耳を傾ける。

「インドとパキスタンが核戦争をしたら、大変なことになる」

「原爆の恐ろしさを、教えに行くしかない！」

このときインドとパキスタンの対立はエスカレートしており、一九九七年になると全面核戦争の危機が話題にのぼり始めた。

核軍拡にはしるインドとパキスタンに先立ち、核の脅威には核をもって当たるという軍事優先の力の政治がすでにまかり通っていた。おのずと核保有国は増え、米国に次いでソ連が核兵器を保持し、その脅威から英国、さらには米国の「核の傘」に不満をいだくフランスも核を持った。中国は米ソの核に対抗するために一九六四年に核実験をし、二年後には核ミサイルの発射実験を成功させている。

核による「恐怖の均衡」はおさまらず、中国と対立していたインドは一九七四年に核実験を行う。核開発の指導者が飛行機事故に遭い計画は中断するものの、水面下では推し進められていた。このため、領有地をめぐってインドと武力衝突を繰り返してきた隣国パキスタンも、核開発に突き進んだ。

森瀧さんを前にした二人の被爆者の会話は、インドとパキスタンの核戦争を危惧してのことだった。

父だったら必ず反核の平和行脚に出る――。

森瀧さんはそう確信し、インド行きを決断する。このとき森瀧さんは乳がんの骨への転移がみられ、前年に広島市内の中学を退職して抗がん剤治療を受けていた。

「インドは衛生状態が良くないというので主治医に相談したら、とめてもあんたは行くだろうと言われました。抗がん剤を服用していると白血球が少なくなるので、抗がん剤治療をやめてインドに行くことにしたのです。自然治癒力が生まれたのでしょうか、結果的には幸いしました」

森瀧さんは市民グループ「インド・パキスタンと平和交流をすすめる広島市民の会」の結成に加わり、代表世話人となる。市民グループの一行は一九九七年十一月から十二月にかけてインドとパキスタンに分かれて入った。森瀧さんは振り返る。

「両国の平和団体の人たちは、広島から来て反核を訴えるのは大きな力になると期待してくれるのですが、言葉の壁に悩みました。文字の読めない市民が少なからずおられ、それに情報がほとんどないのです。広島の被爆者が懸命に被爆体験を証言しても、現地の通訳ではその三分の一も通訳できていませんでした」

結局、外国から広島を訪れた人たちに被爆地を案内する英語のボランティアガイドをしていた森瀧さんが、通訳を代わることもしばしばだった。

森瀧さんが無念の思いで帰国した翌年の五月、両国は核実験を強行して、核保有国に名乗りをあげる。国際電話を通して伝わってくる内実に、森瀧さんは衝撃を受けた。

「私たちを受け入れてくれたインドの知識人から、核保有を肯定する意見が出ていたのです。核を持って一人前の国になった、これで初めて対等にアメリカやロシアに意見が言える、核廃絶へのリーダーシップがとれる――という独特の理屈です。核の知識がない国民の九〇パーセントが核保有を支持し、心ある平和活動家が孤立してしまいました」

かくして森瀧さんは、再びインドを訪れる決意を固める。

森瀧さんの活動を追ったドキュメント番組のタイトルは『やっぱり核兵器は必要です

か？　印パの子どもとヒロシマ』だった。広島テレビが制作し、二〇〇〇年八月七日に日本テレビ系で全国放映された。番組の説明にこうある。

〈核実験が相次いだインドとパキスタン。広島で反核運動に取り組む森瀧春子さんは両国を訪れ、それぞれの国民感情を取材する。そしてインドとパキスタンの子どもたちを広島に招く。広島で学んだ彼らは、これからの核問題をどう考えるのか〉

森瀧さんは「インド・パキスタンと平和交流をすすめる広島市民の会」の代表世話人として、核実験の前後に両国で反核と反戦を訴えた。このとき若者たちが互いに敵対心をもっていることが心掛かりだった。

「優秀な大学生が、隣国を憎んで怖《おそ》れているのです。核抑止力を信じる若い世代に、本当の平和を学ばせたいと願っている現地の平和活動家に、広島に住む者として応えなければいけないと思いました」

そこで新たな市民団体「インド・パキスタン青少年と平和交流をすすめる会」を立ち上げる。七月に現地入りした森瀧さんに、広島テレビのスタッフが同行した。番組の映像によると、森瀧さんがインドの繁華街で市民にマイクを向けると、次のような声が返ってきた。

「パキスタンが核兵器を持ったのだから、インドを守るためにも核兵器は必要だと思う」

「インドが強い国だってことを知らせたかったんだ」

一方、隣国パキスタンのファイサラバード農業大学では、エリート学生たちがこう話すのだった。

「インドが核兵器を持ったんだから、核抑止力のために必要だった」

「パキスタン人として誇りに思っているよ」

これが対立している両国の実態であった。森瀧さんは原爆がもたらした「ヒロシマの惨状」を示す写真を掲げては、若い世代に訴えた。

「一発の原爆が都市を完全に破壊してしまうのです。そのうえ大勢の被爆者がずっと放射線の後障害に苦しめられます。良識と連帯をもって、世界から核兵器を廃絶させましょう」

そして――この年の広島原爆の日の直前、インドから五人とパキスタンから三人の若者(十一歳から十七歳)が広島にやって来た。広島平和記念資料館(原爆資料館)で、彼らは核兵器の破壊力のすさまじさに目をみはった。

「折り鶴の少女」で知られる佐々木禎子《さだこ》さんの「原爆の子の像」の前では、被爆から十年後に白血病を引き起こす放射線の脅威に強い精神的ショックを受けた。禎子さんは二歳のときに爆心地から一・七キロで被爆した。このときは無傷で、運動会のリレー選手で活躍するなど元気で活発な少女だった。しかし小学六年の秋に突然、白血病を発症する。折り鶴を千羽折れば病気が治ると聞き、せっせと折り続けたが願いもかなわず、その十二歳の短い生涯を閉じた。彼らは番組のなかで、こう明かしている。

インドとパキスタンから広島に招いた若者たちと森瀧春子さん（右端）

「広島に来て核兵器はバカげているとわかった」（十六歳のパキスタン男子）

「家族や友だちに原爆の恐ろしさと平和のメッセージを伝えたい」（十四歳のインド女子）

その後も両国から十人前後の若者を招いているが、三回目の参加者にパキスタンの十六歳少女がいた。ヒロシマを見た彼女は衝撃のあまり食事をとれなくなった。それでもスピーチになると気丈にも、こう告白した。

「私の父親は核のボタンを管理しています。私はそういう立場にあるのですが、今は自分の世界が百八十度変わりました」

森瀧さんは言った。「広島に来てわずか十時間で、核は絶対悪だとの考え方に至るのです。真実を知ること、知らせることが、いかに大切かを痛感しました」

森瀧さんが感動する支援もあった。森瀧さんの講演を熱心に聴いた広島女学院中学の約四十人の有志が、「インドとパキスタンの青少年を広島に招くための街頭募金行動」に乗り出してくれた。街頭に出て、募金を呼びかける中学生の姿に、森瀧さんは「涙がでるほど嬉しい、若い力に感激しています」と番組で笑顔を見せている。

さらには『印パの子どもとヒロシマ』を見た俳優の吉永小百合さんが、両国から青少年を招く費用にとチャリティコンサート・原爆詩朗読会を開いてくれた。翌年には英語の原爆詩を、両国の若者と朗読をしあった。森瀧さんは「吉永さんの真心のこもった支援には感謝、感激でした」と、今も弾んで語る。平和はつくりだしていくものであるとの信念が、いっそう強くなる森瀧さんであった。

ウラン鉱山の放射線被害を現地で調査

インドの核開発と原発の増設を支えてきたウラン鉱山の周辺住民に健康被害がひろがっていると告発したのが、ドキュメンタリー映画『ブッダの嘆き~ウラン公害に立ち向かう先住民』(五十六分)だった。インド出身のシュリプラカッシュ監督が三年半かけて制作した。二〇〇〇年三月に日本で開催された第八回地球環境映像祭でグランプリを受賞している。

インド東部ビハール州南部にひろがる先住民の村ジャドゥゴダのウラン鉱山では、国営のウラン公社が一九六二年から採掘と精錬《せいれん》を行っていた。

ドキュメンタリー映画『ブッダの嘆き』のなかで、村人のムルム氏は「あの辺を通った妊婦の多くが流産する。以前はよく悪霊《あくりょう》の仕業《しわざ》だろうと噂《うわさ》をしてきた。いまでは皆、本当の理由を知っている。悪霊じゃない、放射線のせいだ」と語調を強め、さらに告発するのだった。「昔は、こんな病気などなかったと聞いた。牛の顎《あご》や歯が腐《くさ》って抜け落ちてしまうんだ」

産業安全職業病センターのパドマナバン所長は、こう語っている。

「放射線の影響で、住民のがん発生率が非常に高い。たとえば放射線と関係のない地域のがん発生率が、百人に一人としよう。被曝リスクの高い地域では、それが二・五人にはね上がる。先天性異常の発生率もほぼ同様です」

その先天性疾患について、百五十人以上の患者を診察した女医のガデカールさんは、次のように証言した。

「弱年層に骨格異常、多指もしくは少指の先天疾患が見られます。頭の大きさが通常より大きい巨頭症や逆に小さい小頭症も見られます。各世代を通して幾人かに腫瘍《しゅよう》もできています。体の一部が異常に発育するこの珍しい病例を、村の子どもの二人からみつけました。普通は十万人に一人の発生率です。ほかにも目立つのはダウン症患者です。大人や子どもを問わず住民の多くが、角質増殖や皮膚病を患《わずら》っています」

核軍拡を押し進めるインドとパキスタンに反核行脚を繰り返し、両国の若者を広島に招いて平和学習に取り組む森瀧さんは、この記録映画に「核の原罪」を見据えて断じる。

「原爆も原発も劣化ウラン兵器も、鉱山からウランを掘り出すことに始まっているのです」

亡父の市郎さんは、先住民のオーストラリア女性がウラン鉱山の悲惨な核被害の実態を証言するや、「ウランを掘り出すな」と訴えた。オーストラリアにかぎらず、インド唯一のウラン鉱山の実態もひどかった。父親の遺志を継いで行動する森瀧さんは、こう語る。

「ウランの採掘と精錬の過程で大量に出る放射性廃棄物が、先住民の田畑を奪って作られた鉱滓《こうさい》池に投棄されるため、汚染水が生活用水源の川に流れこんでいるのです。また、農地を奪われたためウラン鉱山で働かざるを得ない男性は、放射線の危険を知らされず、素手と素足で採掘労働に就かされ、がんなどにより早死にしています」

森瀧さんは、映画が制作されたときの内幕にもふれた。

「こうした事実を公にしたくないインド政府の意向から、官憲の弾圧でフィルムを取り上げられたそうです。それでもシュリプラカッシュ監督は撮影を続け、そのフィルムを先住民が隠してくれました。こうして完成させることができた貴重な記録映画です」

森瀧さんはシュリプラカッシュ監督を日本に招いて、講演と映画の上映運動をスタートさせる。シュリプラカッシュ監督は雑誌『パシフィカ』で、次のように語った。

〈この作品は、ジャドゥゴダのウラン採掘鉱山の周辺に暮らす人々の実話である。ここで行われている国際的基準の侵害は衝撃的なものである。それに対して先住民は、自分たちの祖先はすでにウランの存在とその危険性について認識していたと信じている。自然と調和して生きるその先住民の存在は、いまや増大する自然資源開発によって危機にさらされている。（中略）インドでは世論の大方は核保有に賛成していることから、ウラン採掘の反対運動をするのは困難を極める。さらに、この制作に費やした三年半の日々それ自体、苦労の連続であった〉

森瀧さんは広島に招いたインドとパキスタンの若者がウラン鉱山の実態を知らなかったため、まずインドで上映ができるようにと再生機を購入して、五十本ほどのダビングテープを帰国にあたって、彼らに託した。

「ムンバイで世界社会フォーラムが開かれたとき、彼らは私の渡したダビングテープを使って上映しました。インドの反核運動のなかでウラン鉱山の問題が広く知られるようになったそうです」

さらに森瀧さんは、子どもたちのためにリハビリセンターを建設する動きが現地で起きると、「ブッダの嘆き基金」を募って支援運動に乗り出す。ウラン鉱山のジャドゥゴダの村では、親が早死にして身寄りのない孤児が増えていた。先天的疾患のある子も少なくない。こうした恵まれない子どもたちに、せめて食べ物と寝る場所を提供しようとシェルターの建設運動を現地の反核・平和団体が進めていた。

森瀧さんは「ブッダの嘆き基金」の宣伝用パンフレットのキャッチコピーを、原子力資料情報室の高木仁三郎さんに依頼した。

「高木さんの言葉に、核の入り口にウラン鉱山の問題がある——とあってすごく印象に残りました」と言ってから、森瀧さんは続けた。「その当時、劣化ウランの問題は表面化していませんでしたが、いま私は、核の出口に劣化ウラン兵器の問題があると思っています」

恵まれない子どもたちを支援する「ブッダの嘆き基金」はシェルター建設の総費用の四百五十万円には満たなかったものの、基金に寄せられた百五十万円を手渡すことができた。

亡き父市郎さんは「広島子どもを守る会」の会長として原爆孤児の救援に取り組んだ。その娘として、同

インド・ウラン鉱山近くのリハビリセンター建設用地で

ウラン鉱山で話を聞く森瀧春子さん

時代の子どもたちの悲劇を見ているゆえに、傍観していられない森瀧さんであった。

「核被害や戦争被害、公害による被害もそうですが、いずれの場合もくい止めていく運動にとって何よりも大切な原点は、被害を受けている現場の実態に即すことだと思うのです」

そう語る森瀧さんは二〇〇一年九月から十月にかけて、インドのウラン鉱山を訪ねた。ドキュメンタリー映画『ブッダの嘆き』が公開されてからインド政府は神経質になり、森瀧さんら調査団の一行は警官の職務質問を浴びるようになった。鉱滓《こうさい》池の一キロ以内に外国人が入るのも規制された。

「暗くなる夜を待って近づき、夜明けになるや証拠写真を撮りました」と打ち明けてから、森瀧さんはため息をついた。「理不尽なことばかりでした。先住民の人たちが、どうしてこのような目に遭わなければならないのかと、つくづく思うのです」

インドから帰国後、森瀧さんは「インド核開発の原点――ジャドゥゴダのウラン鉱山での放射能汚染」と題して報告する。ヒバクシャを生み出す実態に迫るウラン鉱山の貴重なリポートなので、レジメから引きたい。

二〇〇一年に初めて、インド東部のジャールカンド州の奥地ジャドゥゴダを訪れ、出会った子どもたち――放射能被害に蝕《むしば》まれたその姿を忘れることは出来ない。インド核開発を支えてきた、ジャールカンド州ジャドゥゴダのウラン鉱山は、一九六二年にウラン公社（ＵＣＩＬ）によって採掘・精錬が開始されて以来四十五年間の間に、周辺に住む先住民に放射能汚染による深刻な被害をもたらしてきた。

鉱山の周辺十五キロ以内には、四十二カ村約七万五千人の先住民が住んでいるが、特に五キロ以内に住む十五カ村の約三万人が大きな影響に曝《さら》されてきたという。ウラン採掘から鉱滓として出る大量の放射性廃棄物が、先住民の田畑を奪って作った鉱滓ダムにそのまま投棄され、さらに、汚染された水が鉱滓ダムから生活用水である川に流れ込み、雨季には道路に溢れ、乾燥期にはチリとなって遠くまで飛散し、一帯が放射能で汚染されている。

農地を奪われウラン鉱山で働かざるを得ない男たちの多くは、がんなどに侵され早死にし、多くの住民が、がん、白血病、皮膚疾患に苦しみ、生まれてくる子どもたちには、多肢症、手足指欠損、眼球欠損、口唇裂《こうしんれつ》、小頭症、巨頭症などの先天性障害が多発している。

UCILを相手に闘ってきた先住民の組織JOAR「ジャールカンド放射能反対同盟」の調査によれば、鉱滓池から一キロの範囲内にある七つの村では、四十七パーセントの女性が月経不順に悩み、十八パーセントの女性が過去五年間に流産あるいは死産を経験し、女性の三分の一は不妊だという。

二〇〇六年十二月には、精錬工場から先住民集落の廃液ダムに引かれた廃液輸送パイプが破裂したが、九時間放置されて、付近一帯や川に流れ込む大事故も起きている。

京都大学原子炉実験所の小出裕章氏による現地調査でも、鉱滓ダムや集落住居、道路などで高度の放射能汚染が確認されている。ジャドゥゴダ・ウラン鉱山は、悲惨な犠牲を先住民とその地域に強制しながら、インド国内で現在稼動中の十四基の原発にウランを供給してきた。

しかし、それでも核兵器開発や急速な原発増設には追いつかず、インド政府は、アメリカとの「米印原子力協力協定」によりウランを自由に手に入れ、更なる核開発に乗り出そうとしている。インドは、CTBT（包括的核実験禁止条約）には署名せず、国連でのあらゆる核兵器禁止決議にも反対している。

人類は、核開発の入り口であるウラン採掘に始まり、核実験、核兵器使用、原発事故、さらに、核開発の出口である放射性廃棄物を利用したウラン兵器の使用に至る、核に関わるあらゆる段階でヒバクシャを増やし続けている。


森瀧さんはあらためて、こう指摘する。

「放射性物質や放射性廃棄物について何も知らない先住民たちは、家や道路を建設する際にウラン鉱滓を使っているのです。この結果、多くの住民の間で、白血病やがん、流産や死産、先天性の知的身体的障害など深刻な病気が広がっていました」

森瀧さんのリポートに登場する小出裕章氏（二〇一五年三月に京都大学を定年退職）は『ノーニュークス・アジアフォーラム通信』に「緊急になすべき対策」として次の四点をあげて

いる。

①鉱滓や残土を住民の集落に持ちこまない②鉱滓池や排気口に住民が近づくことを防ぐ③汚染した集落住民の移住④放射性物質の厳格な取り扱い

本来、なされて然るべき対策がなおざりになっていることに、森瀧さんは怒りがおさまらず「これは人類に対する犯罪です」と指弾するのだった。

「核兵器廃絶をめざすヒロシマの会」が始動

市民団体の反核NGO「核兵器廃絶をめざすヒロシマの会」が誕生したのは、二〇〇一年三月だった。インドとパキスタンの核実験を機に政府が提唱した賢人会議に対して、市民の立場から二十一世紀も核廃絶を叫び続けようと結成された。共同代表に就いた森瀧さんはこう語る。

「被爆者の皆さんを中心に長い間、反核・反戦の運動を展開してきましたが、病気や高齢のため活動が難しくなるばかりです。核は人類の存在に関わる問題なので、私たちの世代が代わりに担っていかねばならないとの強い思いが、誰でも参加できる反核市民団体の設立に結びつきました。政府に被爆者や被爆地の声をぶつける一方で、国際的な連携も重視しています」

一年後の二〇〇二年四月には「ヒロシマ・ナガサキ反核平和使節団」を募った。まず核大国のアメリカで、反戦と反核のアピールをすることにした。

そのアメリカでは、前年の九月十一日にニューヨークで同時爆破テロ事件が起きた。ブッシュ政権はテロリストをかくまっているとの理由で、十月からアフガニスタンへの爆撃を続けていた。森瀧さんらの平和使節団は、いわば危機感からの行動であった。被爆者八人を含む十九人の市民で訪米ツアーを組んだ。

ニューヨークのテレビで目にした「9・11遺族の会ピースフル・トゥモローズ」の活動に森瀧さんは胸をうたれる。同時爆破テロ事件では約三千人が犠牲になり、「犠牲者の死を無駄にするな」と報復攻撃を求める世論が高まったが、この団体はひとえに反戦を訴えた。テレビ画面の彼女は強い口調で叫んだ。

「テロで死んだ夫の名前を使って報復戦争をするなら、夫の名前を遺族の名簿からはずしてほしい。ブッシュよ、はずせ！」

森瀧さんはしみじみと追想する。

9.11の犠牲者遺族との追悼集会

「爆撃で自分たちのような苦しみをあじわう人が生まれ、しかも自分たちの名のもとに戦われるのは、いたたまれない、戦争は絶対に許せない——という心を持った素晴らしい遺族です。私は深く感動しました」

森瀧さんらはこの年の八月に、「ピースフル・トゥモローズ」の一人で、弟をテロで亡くしたリタ・ラサールさんを広島に招いた。さらにリタさんの紹介で、二十四歳のライアン・アマンドソンさんも来日する。兄を亡くしたライアンさんは、参議院議員の福島瑞穂《みずほ》さんら超党派の国会議員を前にした院内集会で講演のマイクを握った。森瀧さんはそっと見守っていた。福島さんと森瀧さんの対談を『月刊社会民主』から引きたい。

福島　ライアンさんもリタさんと同じで、広島で初めて核兵器の実態に触れるわけですよね。だから広島へ行く前は核兵器を必要悪だというふうに思っていて、原爆投下についてあまり考えてないというのが実情かもしれませんね。だけど、今日の院内集会で「それが変わった」とライアンさんがおっしゃったのはよかったですね。「核兵器は絶対悪だ」とおっしゃった。

森瀧　そこがすごく説得力があるんです。広島でも三つの大学でライアンさんに話してもらったんですが、非常に訴える力がありました。本当に普通のアメリカ人、決して平和活動家でも何でもない人たちが、実際にうけた悲劇によって自分の気持ちが変化していくというのが、非常にわかりやすい。そして、ライアンさん自身もテロとか戦争、要するにいわれなく非人間的な扱いを受けた人たちが、リンクしていかないといけないという思いが、広島に来られて非常につよくなっていますね。自分たちだけじゃなくて、もっともっとたくさんの犠牲者がいて、核兵器を知ってみると、これ以上の悲惨な体験をした被害者はいないんじゃないかということにも気づかされる。（中略）基地に行けば、基地の問題に日本の人たちはいかに直面しているのかというのがわかるし、そのなかで憲法の問題もはじめて知ったりする。

福島　平和憲法はそれほどポピュラーではないですものね、知る人ぞ知るという世界ですね。

森瀧　言葉で話しているだけではそうピンとこないけれど、岩国（米軍基地の所在地）にお連れしたり、呉（かつての軍港で、現在は海上自衛隊の基地がある）にお連れしたりして、日本自体が戦争に直結していて、しかもアメリカの戦争を支援しているということにかなり衝撃を受ける。「日本の人はこんなすばらしい憲法があるのに、どうしてそれを盾にアメリカに抵抗できないんだ」と言われますよね。本当にこれはもっともなことですけれど、実は私たちの運動は非常に弱いし、アメリカと一緒で国民の意識はなかなかそういうふうにならないので非常に危ない状態なんです、ということを話したりするうちに、いろいろ日本の実情を理解されるんですよね。

森瀧さんらが米紙『ニューヨーク・タイムズ』に意見広告を載せるのは、二〇〇三年三月二十四日付の紙面だった。

〈声をあげよう今　戦争反対　劣化ウラン弾反対〉

そう発信した原文の英語「NO WAR NO DU !」は、人文字の空撮写真を使った。広島市の中央公園に約六千人の市民が参加して、この文字を浮かび上がらせた。

「DU」は劣化ウランのことだが、ここでは「劣化ウラン弾」あるいは「劣化ウラン兵器」の意味で使われている。核兵器や原発用の濃縮ウランをつくった後に生じる廃棄物が劣化ウランで、弾丸として使うと貫通力が高いため戦車の破壊を容易にした。このため米軍を中心にDU兵器が使われるようになった。

だが放射性物質のウラン238を主成分とするDU弾は、攻撃目標に衝突すると細かい粒子が拡散する。このため呼吸や食べ物を通じて人体に入ると、内部被曝を引き起こすといわれる。意見広告では〈ヒロシマはNOと言う――これ以上ヒバクシャ（放射線被害者）を出すことに〉と訴えた。

人文字の参加者を呼びかけたのは「核兵器廃絶をめざすヒロシマの会」で、共同代表の森瀧さんは「ブッシュ政権のアメリカがイラク戦争に突き進もうとしていたので、この戦争を止めなければ劣化ウラン弾が大量に使われると危惧したのです」と語る。

実は森瀧さんは、湾岸戦争（一九九一年）で米軍が使った劣化ウラン弾の健康被害を調

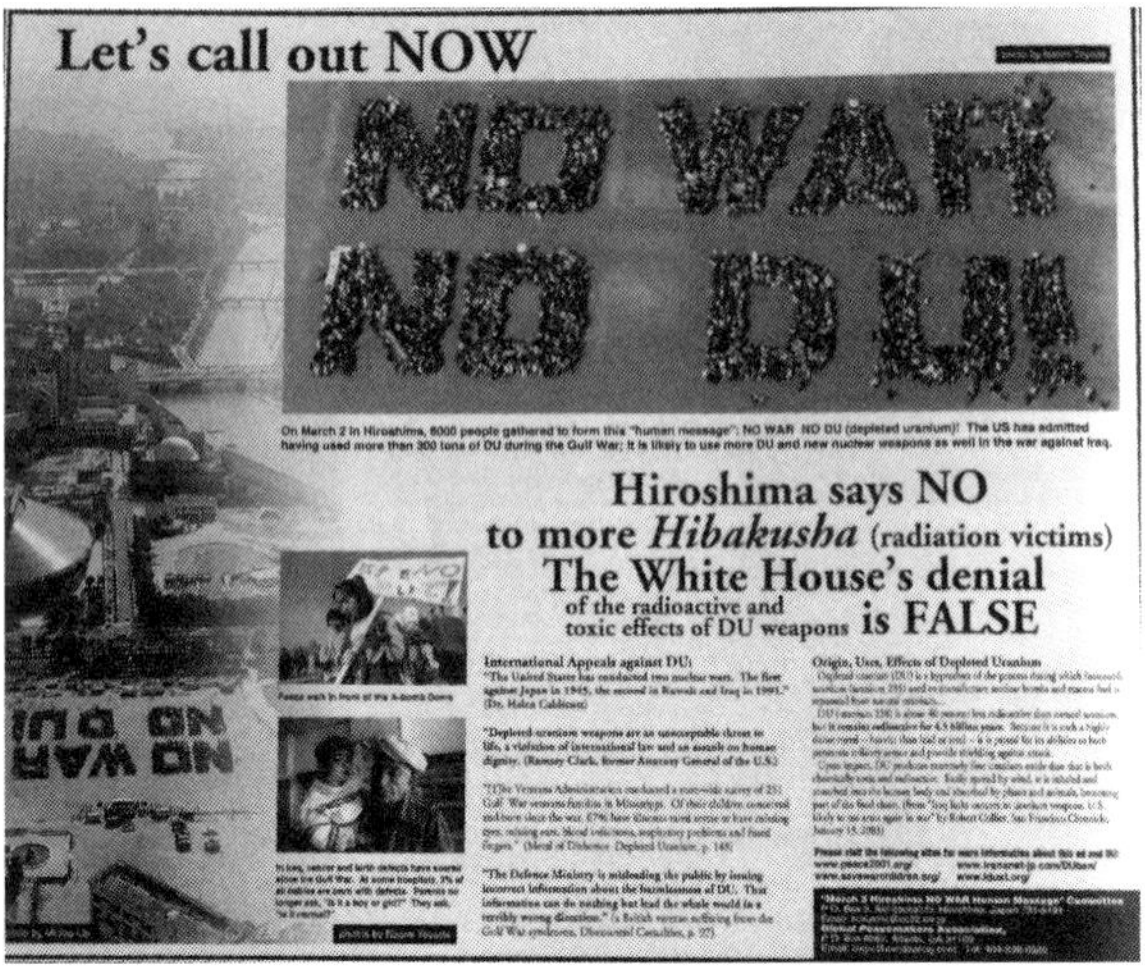

2003 年 3 月 24 日、『ニューヨーク・タイムズ』に掲載された意見広告

査するため、二〇〇二年十二月にイラクを訪れている。「イラクへの市民平和使節団・調査団」に加わって、イラクの首都バグダッドと南部のバラスを視察した。当時のイラクは病院に大勢の子どもたちが入院し、白血病で亡くなった子どものの墓標が広い空き地を埋め尽くしていた。

「湾岸戦争から十年が過ぎて、劣化ウラン弾の影響と思われる小児がんが増えており、先天性異常の子どもたちも多く見受けられました」と言ってから、森瀧さんは句切って続けた。「ヒロシマやナガサキの存在が核戦争をくいとめていると思っていた私ですが、劣化ウラン弾による放射線障害に苦しむ子どもたちを見て考え方を改めざるをえません。DUは放射性兵器なのです」

こうして意見広告に使う人文字の参加者を募ったが、市民が参加しやすいように政党の旗は遠慮してもらった。意見広告では、オーストラリアで小児科医をしているヘレン・カルディコット博士による次の言葉が目をひいた。

〈合衆国は二つの核戦争を行った。最初は一九四五年に日本に対して、二番目は一九九一年にイラクとクウェートに対して〉

カルディコット博士は二〇一二年に衆議院第一議員会館で、東京電力福島第一原発の大事故による健康被害を憂慮する講演を行い、日本政府に適切な対応を求めた。こうした経緯もあって、『ニューヨーク・タイムズ』に載せた彼女の一文は、森瀧さんの核を見据える厳しい目と重なっている。だがアメリカはイラク戦争に踏み切り、広島からの叫び「NO DU!」に背を向け、劣化ウラン弾の雨を降らせた。

「子どもの命を返してくれ！」

米軍の爆撃と地上戦のあったイラクの首都バグダッドは、見る影もなかった。ビルや家屋は倒壊し、ゴミの山がそこかしこに見られた。二〇〇三年三月二十日から四十二日間にわたるイラク戦争で、イラク人の死者は十万人以上と推計されている。

ブッシュ米大統領が戦争終結を宣言した直後の二〇〇三年六月から七月にかけて、森瀧さんはイラクを再訪した。バグダッドやバスラの人口密集地に五百トン以上の劣化ウラン弾が撃ち込まれたと聞いていた。

「アメリカの管理支配が確立される前に、劣化ウラン弾の使用実態を明らかにして、国際機関に本格的な調査を求めるアピールを発信しなければと思い立ったのです」

このとき森瀧さんは、「NO DU」（劣化ウラン兵器禁止）キャンペーンを推進するためにも調査が必須と考え、「NO DU ヒロシマ・プロジェクト」を設立して事務局長に就任していた。

森瀧さんら七人の調査団が採集した主なサンプルは——爆撃跡地の土壌、破壊された戦車に積もっている塵《ちり》、爆撃によって生じたクレーターに溜まった水、さらに人体にとりこまれた劣化ウランを証明するための尿と水道水だった。二十四人から集めた尿は白血病の子どもや両親、さらに被弾した戦車の周辺に住む住民の協力を得た。

「五十度を超える炎天下で、ビニールをかぶって懸命に採集しました」

森瀧さんは、そう追懐する。劣化ウラン弾を告発する執念の作業であったが、森瀧さんはバグダッド郊外の村で衝撃を受ける。

炎天下のバグダッドで試料採取をする森瀧春子さん

国連の監視下に置かれていた原子力施設から、イエローケーキと呼ばれるウラン鉱石を精錬した粉末の入ったドラム缶を住民が持ち出していた。その数は百本にのぼり、住民はドラム缶の中身を知るよしもなく、そのまま捨てて、空きドラム缶を貯水用に使った。こうして放射性物質のイエローケーキは生活環境の中に拡散されたのだった。

森瀧さんは顧みて、次のように語る。

「私たちが訪れたとき、グリーンピースの人たちが大きな新しいアルミ缶を持ちこんで、台所に置いているイエローケーキのドラム缶との交換を呼びかけていました。住民にしたら、水道施設が破壊されているので給水車から受ける水をたくさん確保したい、と考えてドラム缶を持ち出したのではないでしょうか。アメリカの爆撃がなければ起きなかった悲劇です。近くに六百人規模の女子小学校があるので、この少女たちの健康が案じられます」

日本に持ち帰った採集サンプルは、広島大や金沢大に依頼して分析した。戦車の塵からは劣化ウラン弾を証明するウラン235が検出された。

「都市部のど真ん中にも劣化ウラン弾を使っていたのです」と言って、森瀧さんは採尿のデータに言及する。「ウラン含有量が、日本人の平均より十三倍から二十五倍もの高い数値でした。体内に吸収された劣化ウランの微粒子が内部被曝を引き起こし、白血病などを誘因しているとみられます」

森瀧さんは、DUはヒバクシャを生み出し、そして環境を汚染する放射性兵器——との認識を強くする。

いつの時代であれ、戦争は弱者に襲いかかる。子どもや女性や老人が最大の被害者となる。イラク戦争が終わった直後に劣化ウラン弾の調査で現地入りした森瀧さんは、そこで目の当たりにした実情を共著『終わらないイラク戦争』で報告している。イラク南部のバスラ産科・小児科病院での出来事について引きたい。

〈五十度を超える気温の中で、冷房装置も水道も破壊された病院は緊迫した空気が張り詰めていた。小児がん病棟のベッドに横たわる子どもたちの多くは、白血病、悪性リンパ腫、腎臓がんなどを患い、そのうえ、先天的な身体的、知的障害を持っていた。医師たちは、「ほとんどは末期であり、助からない」と苦渋の面持ちで説明する。訪ねた病室で、お見舞を手渡していたとき、あるお年寄りの女性が私に向かって、「こんな物は要らない！　この子を戻してくれ、子どもの命を返してくれ！」と激しく迫ってきた。その傍らには苦しそうに喘《あえ》ぐ瀕死《ひんし》と見えるお孫さんが横たわっていた。おばあさんは、ぶっつけようのない怒りを「ブッシュの戦争のおかげでこんなことになったんだ！　あんたは何をしてくれるんだ！」と叫び続けた。戦争を止めることのできなかった私たちに向かって〉

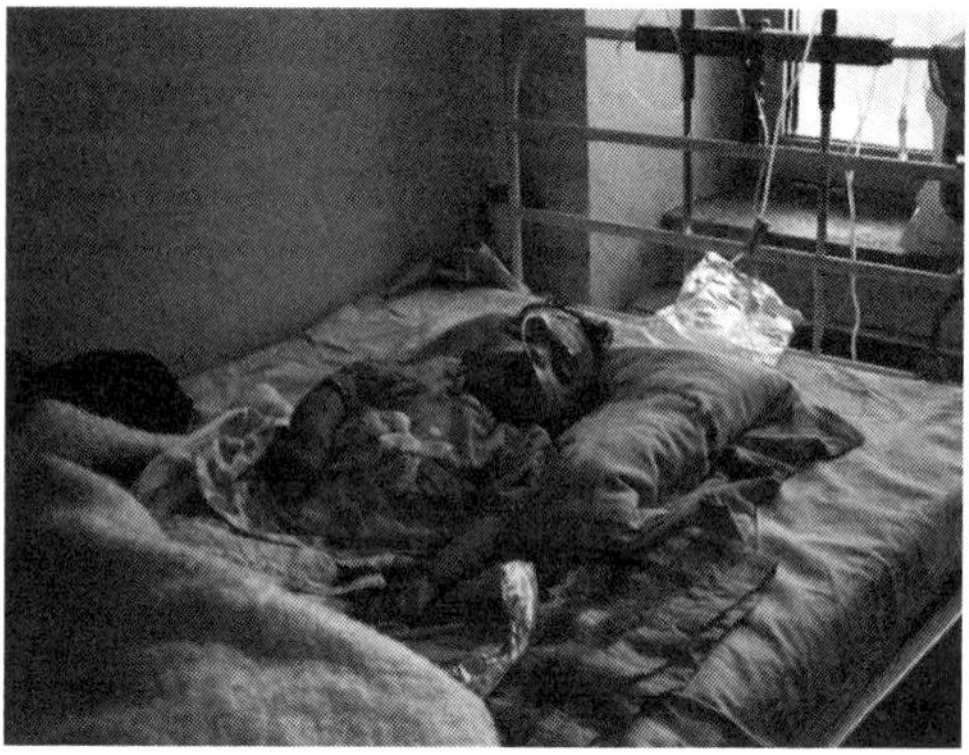
劣化ウラン弾が使用されたイラクで、被害に苦しむ子ども

国籍は異なっても、一人ひとりの人間がこうむった惨事は、米軍により原爆を落とされた直後の広島や長崎も同じであったに相違ない。白血病に加えて知的障害を持つ女児の母親に、森瀧さんが「広島から来ました」と伝えると、彼女は悲痛な顔を覗かせて言った。

「広島は一発だけじゃない、バスラは湾岸戦争後も爆撃が続き、今度の戦争でもひどく爆撃された。子どもたちは殺され、白血病で苦しめられている」

森瀧さんにとって、痛切な一言だった。またバスラ産科小児科病院のジョナン・ハッサン医師は、森瀧さんにこう問いかけた。

「なぜ、がんや白血病の子どもたちがそんなに増え続けたの？ なぜ先天的に障害を持つ子どもたちが異常に増え続けるの？ なぜ、母親たちは出産時に、生まれてきた赤ちゃんが、男か女かではなく、正常かどうか、生きているかどうかと、女医である私に問わなければならないのですか」

多くの医師たちが窮状《きゅうじょう》を訴えた。

「イラクは治療体制が破壊され、薬も医療器具も何もかもない。だから助かる命も失われている」

湾岸戦争後の経済制裁に加え、生物化学兵器の原料になり得るという理由で医薬品の輸入が禁止されたことも影響していた。日本だと七〇パーセントが治癒できる白血病がイラクでは一〇パーセントも救えなかったという。

森瀧さんは明記した。〈「この子たちの命を返してくれ!」と訴えるイラクの母親たちの叫びを受け止めなければと思う。ヒロシマの私たちは、いかなる形にせよ、新しいヒバクシャが生み出されるのを黙って見ていることは出来ない。ばら撒《ま》かれた劣化ウラン弾による放射能汚染が続く限り、イラク戦争は終わることはないのだ〉

イラクの医師が「ヒロシマの経験に学びたい」と語ったことを胸に刻んで、森瀧さんは帰国の途についた。

二〇〇三年八月六日午前八時十五分、被爆地の広島は鎮魂の祈りに包まれた。イラクから訪れた二人の医師は原爆慰霊碑の前で、原爆の犠牲者に黙禱《もくとう》をささげた。イラク南部のバスラ教育子ども病院がんセンター長のジャワッド・アル・アリ医師とバスラ産科小児科病院のジョナン・ハッサン医師だった。森瀧さんが事務局長を務める「NO DU ヒロシマ・プロジェクト」が、証言活動と医療研修を目的として招いた。

アル・アリ医師は平和記念資料館メモリアルホールの講演で、こう述べるのだった。

〈湾岸戦争では五〇〇～八〇〇トンの劣化ウラン弾が南部国境非武装地帯で使用され、すぐ近くの住民の四五％に、放射線によると思われる症状が現れました。今回、バグダッドやバスラなど都市部が劣化ウラン弾で攻撃されましたが、今後発生する事態は想像できないほど深刻です。一九九一年の湾岸戦争以来、イラク全土の汚染は広がっていますが、数年後からガンの発生率が高くなり新生児の先天的知的・身体的障害、流産、死産を多く見るようになりました。それまで大人に多かったガンの発生が、子どもに極端に多く発生するようになりました。湾岸戦争前には見られなかった奇妙な現象――一家族に何人ものガン患者が集中したり、一人の患者が数種類のガンを発症しているなど――が現れています〉

（国際キャンペーン冊子『劣化ウラン弾禁止を求めるヒロシマ・アピール』）

会場のスクリーンに写し出された幼い患者の写真は衝撃だった。目の奥にできた腫瘍《しゅよう》のため一方の眼球が飛び出した男の子、脳の腫瘍が巨大化しカリフラワー状になって突きだしている女の子、骨がんで片足を切断された男の子……。さらにアル・アリ医師は、次のように心情を明かしている。

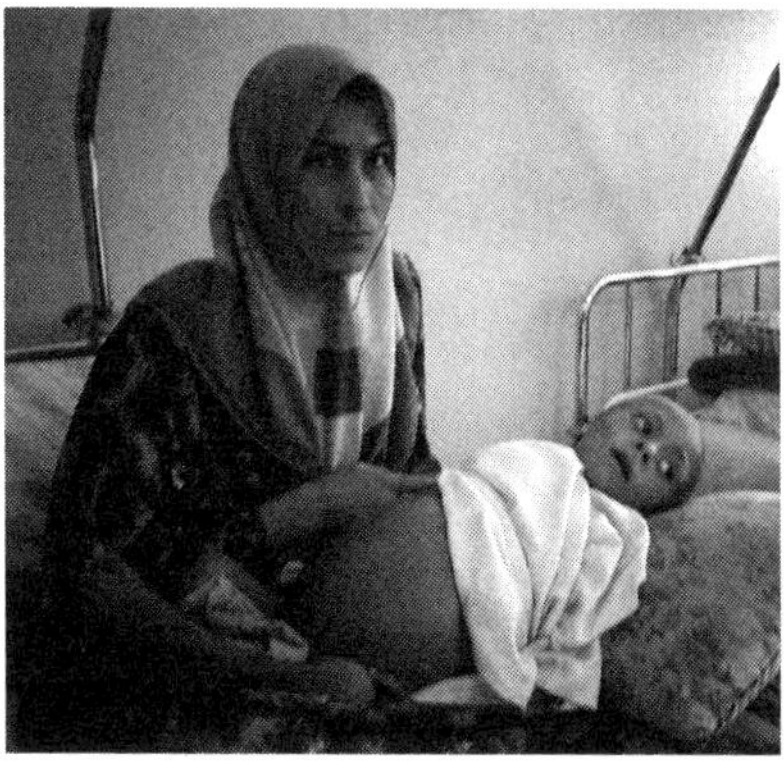
腹水のたまった子と、その母（森瀧春子さん撮影）

〈私たちは、ただ単に話をしに来たのではないのです。イラク戦争で放射能兵器である劣化ウラン弾が使われてしまうような、今の世界のあり方、政治のあり方を変えて欲しいからこそ、こうして日本にやって来たのです〉

森瀧さんは書き留めた。〈この子たちの写真と医師たちの訴えの重みは、私たちがアメリカの不法、非道なイラク攻撃を止めることのできなかった慚愧の重みでもある。この重みを、踏みにじられたイラクの民の生きる権利と未来の保証に、日

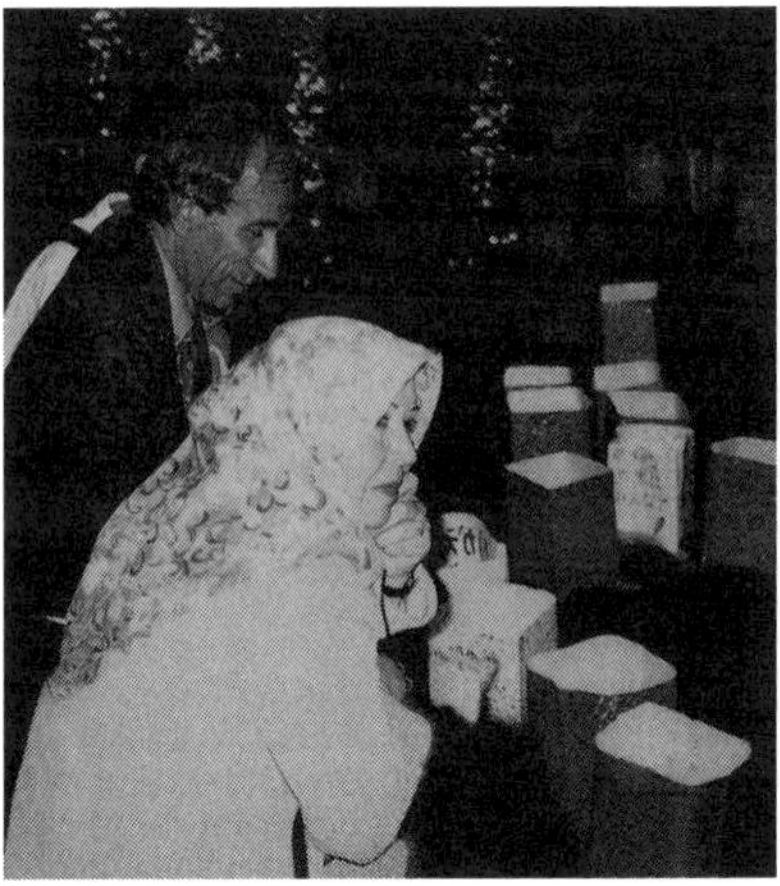

広島の川で、イラクの医師が灯籠流し

本が決してこれ以上の加害者にならないための行動の力に変えていきたい〉

八月六日の夕刻、元安川の灯籠流しに二人の医師は参加した。アル・アリ医師は灯籠に書いた。〈イラクとヒロシマ、世界の犠牲者の霊に誓う、核兵器や劣化ウラン弾兵器をなくすために連帯して闘うことを！〉

ジョナン医師は、岸辺から離れていく灯籠をじっと見つめていた。そして涙声で言った。

「灯籠が原爆で亡くなった人々、イラクで亡くなっていった人たちの姿に重なって見えます」

彼女は、平和式典で子ども代表が「平和への誓い」を読み上げたときも、「イラクの子どもたちの姿に重なる」と涙を禁じ得なかった。

ジョナン医師は翌年の六月にも広島を訪れた。森瀧さんが一年前にイラクで撮った子どもたちの写真を見せると、彼女は悲痛な表情でつぶやいた。

「この子も、その子も、もう生きていないのです」

劣化ウラン国際大会が警告した内部被曝

被爆から六十一年の二〇〇六年八月六日付の『毎日新聞』は、「劣化ウラン国際大会」を紙面の一ページを使って報じた。この特集面のリードを紹介したい。

〈劣化ウランヒバクシャの声を被爆地から世界へ発信しよう——。広島市で三日から始まった「劣化ウラン兵器禁止を訴える国際大会」で、海外のジャーナリストや湾岸戦争の帰還兵、イラクの医師らは、放射性廃棄物を軍事利用した劣化ウラン兵器の危険性を訴えた〉

大会を主催したのは国際NGO「ウラン兵器禁止を求める国際連合」（ICBUW）だった。日本、ドイツ、スイス、アメリカ、イギリスなど八カ国が、二〇〇三年にベルギーに集まって設立した。

被爆国で初めて開かれるＩＣＢＵＷヒロシマ大会は、海外の十二カ国から約四十人が集った。現地実行委員会事務局長を務めた森瀧さんは、開会式で挨拶を述べた。

「劣化ウラン兵器による被害者は世界中に広がっています。原爆の被害にあったヒロシマから連帯していきましょう」

この世界大会は、森瀧さんが事務局長を務める「NO DU ヒロシマ・プロジェクト」が取り組んできた成果であった。科学分野のセッションでは、放射線の人体への影響についての研究報告が注目された。

ドイツのブレーメン大学環境技術センター研究員のハイケ・シュレーダーさんは、湾岸戦争に従事した帰還兵の抹消リンパ球の染色体異常が通常の五倍にもなっていたと報告した。

「他に放射線源がなかったことから、劣化ウラン粒子の吸入による被曝が原因であると示唆される」

そう結論づけたシュレーダーさんは「厳重な医学的追跡調査を行うことが必要であり、診断のための被曝についてはその適用を厳しく設定しなければなりません」と訴えた。

アメリカのマウント・サイナイ医科大学（ニューヨーク）臨床病理学准教授のトーマス・

フェイジーさんは「劣化ウラン被曝の評価」と題して解説した。

「劣化ウランの粉塵《ふんじん》は、ウランが非常に濃縮されているという点からも危険です。私たちの住む環境においては、この粉塵のようにウランが濃縮された状態で存在することは、まずありえません。劣化ウランの粉塵の粒子の大部分は、非常に小さく、肺の奥深くまで容易に吸入されます。ウランには様々な毒性があります。腎臓や免疫系への毒性があり、突然変異やがんを引き起こし、先天障害を誘発する作用もあります。ウランに被曝した人々に共通した神経症状もあります。偏頭痛《へんずつう》、認知障害、短期記憶の障害、しびれや知覚過敏といった知覚神経障害、めまいなどの神経症状を訴えています」

オーストラリアの映像ドキュメンタリー作家、デイヴィッド・ブラッドベリーさんは「アボリジニーは知っていたウランの危険」と題して語った。

「太古の昔からアボリジニーたちは、ウラン鉱石が地表に近かったり露出したりしているところを〈病気の国〉と呼んでいました。ウランはあまりにも危険であり、遠ざけているに越したことはないと、彼らは直感していたのです。今日、アボリジニーのリーダーたちは〈ウランは、母なる大地の安全な胎内に眠らせておけ〉と言っています」

こうした報告に接すると、森瀧市郎さんが「ウランを掘り出すな」と声を強めた真意が重く伝わってくる。ウランを核兵器や原発の材料にするかぎり、核被害の拡散にピリオドを打つことはできない。

「劣化ウラン兵器禁止を訴える国際大会」の四日間の延べ参加者は千人を超え、次の「ウラン兵器禁止ヒロシマ・アピール」を採択して閉幕した。

〈私たちは、ヒロシマで、四つの大陸から参加したウラン兵器の被害者たちの訴えに耳を傾けました。ウランの採掘現場から戦場に至るまで、ウランは人々の健康を蝕み命を奪い、環境を汚染します。低線量であれば放射線は人々の健康に害はないという軍や核関連産業の主張に対して、私たちは強く異議を唱えなければなりません〉〈私たちは、アメリカやイギリスの軍隊が、イラクやバルカンで、ウラン兵器を大量に使用したことを、強く非難します〉〈私たちは呼びかけます。日本やその他の国々が、いつ、いかなるところでも、ウラン兵器が使われるような軍事行動に決して加担しないように〉〈ウラン兵器の使用は、国際人道法・人権法、環境保護法に反するものです。国連人権小委員会は、環境及び人々の健康と生命に長期にわたる影響をもたらし、戦闘終結後も市民に対して危害を与える、「無差別殺傷兵器」として、核兵器・化学兵器・クラスター爆弾などと並んで、ウラン兵器を非難する決議を採択しました。この決議および説得力のある科学的研究にもとづき、予防原則を固く支持します。そして完全で永久的な禁止を実現するために、あらゆる法的手段を駆使するつもりです〉

（『ウラン兵器なき世界をめざして』）

核利用サイクルによる被害を断ち切るには、ウラン兵器や核兵器の使用と製造を禁止する条約をつくることだと、森瀧さんは結論づけて、こう述べる。

「核被害の実態を明らかにして、被害者の救援を進めるなかで、禁止条約のキャンペーンを国内外で継続していくことが大切です」

森瀧さんは「核と人類は共存できない」が、キャンペーンの理念だと強調した。亡き父・森瀧市郎さんの至言である。

第六章　原子力体制を問う

核廃絶は、原発廃絶と切り離せない

森瀧春子さんが共同代表を務める「核兵器廃絶をめざすヒロシマの会」は毎年、広島原爆の日に「8・6ヒロシマ国際対話集会——反核の夕べ」を広島市内で開催している。

東京電力福島第一原発事故が起きてから、シンポジウムのプログラムに原発問題を加えて内容を掘り下げた。森瀧さんは「核兵器廃絶は原発廃絶と切り離しては成立しません。このことが福島の原発事故がもたらした現実によって明らかにされたのです」と強調する。かくして二〇一一年夏の「反核の夕べ」に参加を呼びかけるアピールの内容は決まった。

〈今年三月十一日に東日本を襲った大地震と大津波、そして、その直後に起こった福島原発事故により、私たちは、文字通り身も心も震撼《しんかん》させられ、原子力発電に依存した生活のあり方の根本的な見直しが迫られています。そして、他ならぬヒロシマとナガサキの国・日本において、チェルノブイリも凌《しの》ぐかと思われる放射能汚染事故が引き起こされたという現実、さらに、いわゆる「放射線被曝防護基準」をめぐり、日本社会全体が、専門家もふくめて混乱と矛盾のきわみを呈しているという事態は、二重、三重に深刻な問いを私たちに突きつけています。今年は、こうした切迫した思いを共通する人々と連携して、八月六日の集会を企画しました。特に、福島原発事故以降、大きくクローズ・アップされてきている「内部ヒバク」問題に焦点を当てつつ、核兵器と原子力発電、そして、放射性廃棄物の軍事利用である劣化ウラン兵器が一連のサイクルをなす核／原子力体制を、改めてその根底から問い直す場としたいと思います〉

森瀧さんがコーディネーターを務めた二〇一一年のシンポジウムに参加した福島県南相馬市在住の詩人、若松丈太郎さんは原発事故への警鐘を鳴らし続けてきた。若松さんは、子どもたちがアンケートに寄せた言葉を紹介した。

「じいちゃんのスイカは食べられますか」「原発は、本当は今どうなっているのですか」「東電などのウソの数を知りたい」

そして若松さんは、二〇一五年三月号の『広島ジャーナリスト』に「福島事故四年　壊滅に瀕する地域」として、次のように寄せた。

〈広島・長崎が核被爆し、東京などが空襲を受けて七〇年、沖縄に米軍基地が置かれてから七〇年。核災が発生して四年。私はことしの年賀状の文面を「沖縄県民の思いに応えないのであれば、日本国に民主主義は存在しない。福島県民の秘めた怒りに気づかないのであれば、日本は国民のいのちを尊重しない国である」とした。ことしは、日本という国の将来像を決める節目になる年、さらには、エネルギー政策の方向をさだめる分岐点にもなる重要な年であろう。(中略)国民が苦しみながら生きることの意味を問い続けている現実があるなかで、目先の経済性と利益だけを追って再稼働と輸出とを進めようとしている国家とはなにか。きわめて長い将来に影響が及ぶ放射性廃棄物の問題を考えると、現代の文明のあり方について根本から問い直すことを、私たちは求められているはずである〉

「さようなら原発」ヒロシマ集会

福島の詩人は、反核の父・森瀧市郎さんが被爆後に「力の文明」を否定したのと同様に、原発事故に遭遇して現代文明のあり方を厳しく問うたのである。ここに記された「いのち」の三文字は、森瀧市郎さんの「いのちとうとし」と響き合っている。

日本政府の原発輸出と核政策を問う

二〇一三年夏に開かれた「世界核被害者フォーラム」のプレフォーラム「世界の核被害の実態に学ぶ」のシンポジウムでは、森瀧さんがコーディネーターを務めた。パネリストの一人でインド核軍縮・平和連合（核廃絶と平和のための連合、CNDP）で国際キャンペーンを担当しているクマール・スンダラムさんは、こう口火を切った。

「フクシマ後の世界において、インドは原発推進を強力に進めようとする数少ない国の一つです。政府は新たな核施設の建設計画を遂行するうえで障害となるあらゆるものを、まるでブルドーザーのように強引に押し切ろうとしています」

そのうえでスンダラムさんは、インドに日本からの原発輸出を可能にする「日印原子力協定」に言及した。この協定に「両国の市民が連帯して反対しなければいけない」として、その理由を述べる。

「日印原子力協定が締結されれば、インドの時代錯誤的な原発拡大政策を後押しする。そうなると、インドで最も弱い立場にある住民に苦難をもたらすことになります」

インドはＮＰＴ（核拡散防止条約）に加盟していないので、日本から買った原発で核兵器を製造することも可能となる。インドが核抑止力を重視するのは中国とパキスタンの核を念頭においているからだとして、スンダラムさんは核拡散の懸念を語った。

クマール・スンダラムさん

「この協定の締結は、インドに核武装の正当性のお墨付きを与え、南アジアの核兵器開発競争をさらに激化させることになります」
　しかし二〇一六年十一月、安倍晋三首相とインドのモディ首相は、日本からインドへ原発輸出を可能とする日印原子力協定に署名した。日本がＮＰＴ未加盟国と原子力協定を締結するのは初めてのことである。使用済み核燃料の再処理も認めているのだから、プルトニウムの核兵器への転用を封じることは事実上難しくなる。

モディ首相に先駆けて来日したスンダラムさんらは外務省との折衝で「パキスタンも日本の対応を注目しており、核紛争の引き金になりかねない」と主張して、締結への反対を強く訴えた。しかし日本政府は、被爆国の責務に背を向けた。

若松丈太郎さんがいみじくも記した〈目先の経済性と利益だけを追って再稼働と輸出とを進めようとしている国家とはなにか〉ということだろう。

インドのウラン鉱山を訪ねて、現地の人たちの支援を続けてきた森瀧さんは、次のように語るのだった。

「インドの核開発はウラン鉱山周辺に住む先住民の人権を踏みにじり、深刻な環境汚染を引き起こし、放射線による住民の健康障害も問題になっています。国民の生活に直結する安全対策が十分とはいえないインドに、福島で大事故を起こした国が、それでも原発を輸出しようとするのですから、私は原発事故による新たなヒバクシャを生み出すことにならないか、そのことがとても心配です」

森瀧さんが共同代表を務める「核兵器廃絶をめざすヒロシマの会」は安倍晋三首相宛に「日印原子力協定締結に強く抗議する」として、次の抗議文を送付した。

NPTに加盟していない核保有国インドとの協定であるにもかかわらず、核実験を実施した場合には協力を停止するとの文言は協定書本文にはない。日本がこれまで肯定してこなかったインドの核兵器開発・保有を承認し、国内での活路を失っている原子力産業に復興への活路を開くことをめざすものに他ならない。今回の協定は、インドが核燃料の再処理をすることを容認しているが、インドの核兵器開発、原発推進に手を貸す危険極まりないことである。福島原発事故により原発は危険で、高価な、時代遅れの技術であることが世界の常識となった。ベトナムは日本と結んだ新設計画を中止し、台湾は二〇二五年までに全廃をめざしている。脱原発に舵を切ったドイツは経済発展を続けている。被爆国であり福島原発事故を経験した日本国民の多くは、核と人類が共存できないことを痛感し核兵器の廃絶とともに、脱原発、再生可能エネルギーの普及を希求している。私たち核兵器と核発電の廃絶をめざす広島市民は、今回の日印原子力協定の締結に強く抗議し、その破棄を求める。

森瀧さんはインドへの原発輸出を、あらためて指弾する。

「インドのウラン鉱山では、先住民が核被害にさらされており、差別社会の縮図がみられます。原発は事故を繰り返しているうえ、核兵器開発も強化しかねません。そうした国に、被爆国である日本が原発技術を供給することは、非道徳も極まりないです」

「国から二度、棄民にされた」

二〇一四年夏の「反核の夕べ」にパネリストとして加わった橘柳子《たちばなりゅうこ》さんは、元中学教師で、福島県浪江町から本宮市に避難していた。敗戦後に旧満州（現中国東北部）から引き揚げた体験と重ねて、橘さんはこう話した。

「避難する車の長い列のなかで、これは満州から引き揚げたときと同じだと思いました。後でわかったのは、放射能が拡散されていることを知らされず、その真下を避難していたのです。情報を出せば住民に混乱が起こる、という理由で私たちに知らせなかったにちがいありません。私たちは国から二度、棄民にされました。一度目は戦争で、二度目は今回の原発事故です」

会場で配布したレジメに、福島原発事故一周年「原発はいらない！　福島県民大集会」で、橘さんが発言した内容が記載されている。

2014 年 8 月 6 日に開いた「反核の夕べ」で挨拶する森瀧春子さん。右は橘柳子さん

〈福島は、東北はもっと声を出すべきだ、との意見があります。でも、全てに打ちひしがれ喪失感のみが心をおおっているのです。声も出ないのです。展望の見えない中で、夢や希望の追求は、困難です。しかし、未来に生きる子どもたちのことを考え脱原発、反原発の追求と実現を課題に生きていくことが唯一の希望かも知れません。先の戦争のとき、子どもたちが大人に「お父さん、お母さんは戦争に反対しなかったの」と問うたように「お父さん、お母さんは原発に反対しなかったの」と言うでしょう。地

震国に五十四基もの原発を造ってしまった日本。そして事故により、日々放射能と向き合わざるを得ない子らの当然の質問だと思います。その子たちの未来の保障のために人類とは共存できない核を使う原発はもうたくさん、いらないとの思いを示すこと。いったん、事故が起きれば原子炉は暴走し続け、その放射能の被害の甚大さは福島原発事故で確認出来たはずです。この苦しみと悲しみは日本に限って言えば、他の県の人々には、特に子どもたちには体験させる必要はありません〉

被爆七十年を迎えた二〇一五年の夏は、パネリストとして福島から二人の参加があった。福島県教職員組合で活動している中学教師、日野彰《あきら》さんは教育現場の実態を報告した。

「双葉郡内では、学校が再開されても、約一割の子どもしか戻っていません。避難所生活の子どもたちが抱える問題に、教職員は懸命にあたっていますが、負担が大きく相当疲れています。学力や体力の低下のみを問題にするのではなく、放射線教育と人権教育に力を入れる必要があります」

続いて、核兵器廃絶を訴える署名を国連に届ける高校生平和大使を務めた福島工業高専四年の本田渉《わたる》さんが、原発事故の体験者として語った。

「福島県外の人に、福島に住んでいると話すと、相手の顔に同情と憐れみの表情を見ることがあります。放射性物質が体に影響を与えるのではないかと心配する日々ですが、この自分の経験を逆手にとって、原発や核兵器に反対していこうと決めました。原発事故は県民同士を対立させるなど、生きづらい状態を生み出しています。原発は平和利用として進められてきましたが、この事故によって平和でない私の生活があります。人間の尊厳が奪われない、本当の意味での平和をつくっていかなければならないと思います」

三つの課題と三つのキーワードで責任を追及

被爆七十年の夏から秋を迎えた十一月には、広島市で「世界核被害者フォーラム」が三日間にわたって開かれた。参加者は三日間で延べ九百人に及んだ。原爆や核実験や原発事故などによる核被害を受けた国内と国外九カ国から駆けつけた人たちだった。

福島県から参加した武藤類子《るいこ》さんは、国や東京電力に原発事故の刑事責任を問う福島原発告訴団の団長を務めている。武藤さんたちは、東京電力の元会長ら旧経営陣を業務上過失致死容疑で告訴・告発したが、東京地検は二度にわたり不起訴処分にした。しかし、検察審査会の審議により三人は「起訴相当」とされ、二〇一六年二月に検察審査会で検察官役となった指定弁護士は三人を業務上過失致死傷罪で強制起訴した。こうして原発事故をめぐる責任が刑事裁判の場で責任を問われることになった。

フォーラムでマイクを握った武藤さんは、現状から話し始めた。

「東京電力福島第一原子力発電所が大事故を起こしてから四年と八カ月が過ぎました。しかし、原発事故は終わっていません。被害は形を変えてさらに大きくなっています。思いもかけなかった問題が一人一人にそれぞれ起きています。被害者たちの問題はまだまだ解決されておりません。事故を起こした福島第一原発は溶け落ちた核燃料がどこにあるのかわからず、海に流れ出た汚染水は量《はか》りしれません。今も毎日、空へ、海へ放射性物質が放出され続けています。

除染による放射性物質は福島県内の至る所に山積みされ、あるいは校庭や家の庭に埋められ、人々はそのそばで暮らしています。あまりに量が多いために本来、ドラム缶に詰められて厳重に管理されるはずの放射性廃棄物が、ずさんな扱いにされているのです。

放射線量がまだ十分に下がりきっていない地域の避難指定を解除し、それに伴い賠償を打ち切り、避難者の借り上げ住宅制度の廃止を決めるなど、被害当事者の声を十分に聞かずに、救済の切り捨てを始めました。現在、行われている帰還政策とは放射能のあるところに我慢して帰って暮らせということです。福島県の災害関連死は津波で亡くなった人をはるかに越えました」

このあと武藤さんは「原発事故による多様な被害の実態を前に、私たちが取り組んでいかなければならない課題は大きく三つあると思います」と述べて、具体的に説明していった。

「一つは、事故の責任追及です。なぜ被害者がきちんと救済されていないのに、事故も収束されていないのに、原発の再稼働や原発輸出などが起きてくるのでしょうか。原発事故の責任が問われていないことが、その一つの原因だと思いました。原発事故が起きたときに、ようやくこの国の原発はなくなる方向にいくだろう、大きな犠牲があったけれど、少しは反省して新たな道を探るだろう、そのように期待したのです。しかし、そうではありませんでした。原子力は何か特別なものに守られているかのごとく、事故の真実は隠され、責任の追及はされませんでした。

課題の二つめは、救済を求める活動です。今年の五月に、福島原発事故被害者団体連絡会を結成しました。通称名は〈ひだんれん〉で、広島の被団協にならって付けた名前です。

損害賠償裁判や行政裁判、告訴などをしている二十一団体が参加しています。立場や考えの違いを越えて理解し合い、ゆるやかに繋がることが、今とても大切だと思っています。七月に福島市でデモ行進を行って、放射線量が十分下がっていない地域の避難指示解除の撤回やそれに伴う住宅支援制度の打ち切り撤回を国に求めるように、福島県に申し入れをしました。

三つ目は健康被害の問題です。もっとも心配されるのは子どもたちへの健康被害です。甲状腺がんが増えているのが気がかりですが、県民健康調査の検討委員会では、原発事故と甲状腺がんとの因果関係は考えにくいと説明しています。果たしてそうなのでしょうか。

子どもの健康に関しては予防原則に立ち、治療を伴う詳細な健康調査と被曝低減策が必要だと思っています。将来において、健康被害が出た場合、医療が保障される制度が必要です。でもその動きはありません。この国の、子どもに対する人権感覚の低さを痛切に感じています」

続いて武藤さんは、原発の再稼働に言及する。

「原発の再稼働とは、福島で起きたようなことをまた繰り返す恐れがあるということです。起きてしまったことから学ばなければ、悲劇は何度でも繰り返されると思います。これでは犠牲になった人々の怒りと悲しみは決して慰められません。誰もが安全で安心して暮らせる社会をつくることはできません」

武藤さんは「福島原発事故が、私たちから奪うものは生きる尊厳そのものです」と明言し、「では私たちはどうしたら原発をなくしていけるのでしょうか。私は三つのキーワードがあると思います」と続け、こう述べた。

「一つは諦めないです。原発事故の責任を追及し続けるには、その道は長く困難ですが、私たちは諦めません。二度と被害を繰り返さないために、それが原発事故の被害者としての責任だと思うからです。

もう一つのキーワードは繋《つな》がる。立場の違いや考え方の違いを越えて、新しい理解、互いの理解を通じて、ゆるやかに繋がっていくことが大切です。分断されることは被害者たちのもっとも注意すべき問題で、原子力を推進したい勢力はあらゆるところに分断作戦をしかけています。

最後のキーワードは、一人一人が考える。原発事故では若者や子どもたち、そして未来世代に大きな負の遺産を背負わせました。同時に人類以外の命も巻きこみました。人類の都合で他の動物、虫たち、魚たち、植物にも余計な被曝をさせました。どうしたら原発を

武藤類子さんは会場のスクリーンに「自分の頭で考えよう！」と映し出した

なくし、あらゆる命が尊重され、一人一人が大切にされる世界をつくっていけるのか、そして原発とともに戦争のない世界をつくっていくことができるのか。それは自分の頭で考え、自分にできる行動を一人一人がしていくことだと思います」

武藤さんはスクリーンに自宅で飼っている犬の写真を映し出した。犬の前には「自分の頭で考えよう！」と書いた紙がある。まるで犬が、その紙を持って訴えかけているかのようだった。

「十九歳になる年寄りの犬ですが、この犬がいつも私に、自分の頭で考えなさいと言います」

英語で同時通訳されていたので、外国からの参加者に微笑みが見られ、そして大きな拍手が起きたのだった。私は会場の片隅で、武藤さんのあげた三つのキーワード「諦めない」「繋がる」「自分の頭で考える」を反芻《はんすう》した。

法廷で「核の人道に対する罪」を陳述

さて、森瀧春子さんと原発である。福島からの声に背中を押されて、「核被害の原点から——核と人類は共存できない」として、法廷で意見を述べた。二〇一五年七月十四日、愛媛県・松山地裁で開かれた「伊方原発運転差止訴訟」の第一二回口頭弁論で、森瀧さんは原告側に立って陳述した。すでに記した内容と重複するところもあるが、森瀧さんの歩みと理念と決意が結晶した意見陳述書なので再録したい。

私はこの瀬戸内海に面する広島からやって来ました森瀧春子と申します。原爆投下の直前に県北の父の郷里に疎開し被爆を免れました。私の家族のうち被爆したのは父だけでした。父・森瀧市郎は広島大学（当時は広島高等師範学校）教授として、学生とともに学舎を離れ造船工場に動員されていました。

父は爆風で飛散したガラスが顔面に突き刺さり、右眼の視力を失いました。残る左眼をこじ開け、激痛に耐えながら目撃した地獄の惨状——原爆投下によって壊滅し去った街、人間の姿を失った人々の群れ、折り重なる死骸《しがい》の山……核による人間否定の極限的悲惨の体験から、哲学者として核時代における人類の生きるべき方向を考え抜き「核と人類は共存できない」という核絶対否定の理念を得て、残る半生のすべてを反核運動、被爆者運動に注ぎました。この地にも足を運び伊方原発建設に反対する人々の輪に加わりました。

私が反核や反戦の運動に関わっている原点は、私の生まれ育った広島に対する一九四五年八月六日の原爆攻撃により無数の人たちが殺傷されたという厳然たる事実にあります。原爆は推定七万人から八万人という数の市民を一瞬のうちに殺戮《さつりく》し、その年末までに約十四万人にのぼる数の市民が原爆のために死亡しました。

その後も、さらに数多くの人たちが放射能に健康を冒され続け、苦痛の末に「遅れた死」をもたらされました。原爆慰霊碑に眠る原爆犠牲者の数は、氏名が判明しているだけでも二〇一五年五月二十日現在二十九万七千八百三十二人となっています。（二〇一七年五月十七日現在で三十万三千百九十五人）

それだけではなく、生き残った人々の苦しみは、原爆孤児や原爆孤老に象徴されるように人間関係をも完全に破壊され、ケロイドのように心身に刻み込まれた傷跡や放射能被曝による後障害、次世代への影響への不安を背負わされ続けたことです。いかなる場合も、核兵器による市民の無差別大量虐殺《ぎゃくさつ》は明らかに「人道に対する罪」だと思います。

私はこれまで、インドのウラン鉱山採掘現場、劣化ウラン弾を撃ち込まれたイラクの現場、ネバダ核実験場の風下住民の現場、そして原発大事故により失われた福島の人々の生活・健康・自然環境の現場など核災害の地を訪れて来ました。そこに見られるものは必ず、一握りの巨大資本の利益やそれを代弁する政治家のために理不尽に踏みにじられる民衆の犠牲の姿でした。

核は、その開発の入り口から出口に至るあらゆる過程で、甚大《じんだい》な被害を人間や環境に及ぼしてきました。ウラン鉱山での採掘、ウランの精錬、ウラン鉱滓の廃棄、ウラン濃縮過程、核兵器製造、核実験、核兵器使用、原子力発電の事故・放射能漏れ、原発労働、核廃棄物利用の劣化ウラン兵器使用などすべての場面で、深刻な放射能被害をもたらしてきました。

インドにおける核開発は、ウラン鉱山周辺に住む先住民の人権を踏みにじりながら深刻な環境汚染、人体への放射能被害を引き起しています。私は現地を何度か訪れて専門家の協力のもとに実態調査や先天性障害児などの支援をしてきましたが、放射能による環境汚染、出産異常、多指・欠損指、眼球欠損、小頭症、巨頭症など先天性障害の多発、白血病・がんなどによる高い死亡率など悲惨な実態が明らかになっています。

原発や核兵器の原料とするためのウランの採掘はインドのほかにもオーストラリアの先住民アボリジニー地域やアメリカ、カナダの先住民地域などで続けられてきています。いずれの地域でも先住民の生活、基本的人権を奪いながら放射能被害を押しつけてきています。

湾岸戦争に続きイラク戦争においても放射能兵器である劣化ウラン弾の大量投下がなされた結果、深刻な状況を引き起こしています。イラク戦争直前、直後のイラクへ赴き戦争被害や劣化ウラン被害調査や支援をしてきました。訪れる病院で見る多くの子どもたちの苦しみ――白血病で末期症状を示す子どもたち、脳など身体のいたる所へのがん転移、心身に先天性障害を持たされた上に、様々ながんに苦しみ死んでいく子どもたちの様子は、広島における原爆投下後の被害の状況と重なるもので、劣化ウラン兵器がもたらす放射能被害の凄《すさ》まじさを示していました。

劣化ウラン弾による放射能汚染は、採集し持ち帰った塵、土壌、水、尿などのサンプルの専門機関による分析によって明らかになっています。飲料水、土壌の汚染、白血病を患う子どもたちの尿に取り込まれた劣化ウランの検出は、すでに顕著ながんなどの著しい発症増加の現状から今後の深刻な状況が懸念されています。劣化ウラン兵器は、核開発サイクルの出口での問題となりますが、原発燃料や核兵器製造に使用する核分裂性放射能元素235を取り出した滓《かす》の核廃棄物を利用した兵器であり、原発・核兵器と表裏の関係にあります。

福島原発事故後、現地を何度か訪れました。原発事故で取り返しのつかない被害を蒙《こうむ》った飯舘村をはじめ、伊達市、南相馬市の原町区、小高区、川俣町、福島市松川町などの核被災の現場を歩き、多くの被災した人々にも出会いました。イラクで使った放射線量計を日本国内で使うことになるとは予想もしていませんでしたが、各所で測定して歩きました。

二〇一二年十一月、事故後一年八カ月経った時点でしたが福島各地の放射線量は非常に高く、イラクでの劣化ウラン汚染による放射線量値と同程度かそれを上回る数値を示し、福島各地では深刻な放射能汚染がきわめて広範囲に起きてしまっている事実に改めて愕然とさせられました。

農業、牧畜業が放棄されている地域では自然の荒れが目立ち、原発事故災害に加えて津波被害地でもある南相馬市・小高地区などでは、震災後長らく避難指示と警戒区域指定のため遺体捜査にも入れない状態で、農地か沼地か区別もつかないほどの荒地には、あちこちに壊れた船や家、自動車などの残骸が集められることもなく放置されていました。

浪江町警戒区域の無人ゲートの横には、牧場が広がり数多くの牛たちがいました。そこで牛たちに飼料を与えるため来ていた「希望の牧場」代表の吉澤正《まさ》巳《み》さんたちに出会いました。原発事故により放射線被曝をした牛は出荷できないままに、警戒地域に指定され、移動さえもできなくなりました。それゆえに、取り残された牛の多くは餓《が》死《し》・ミイラ化したり、生き残り野生化した牛も、国は殺処分の決定をしました。浪江町の四百軒の和牛農家の人々は置いてきた牛への断腸の思いと米作りや野菜、果物など物づくりのできなくなった我が大地への思いでノイローゼになる人が多く、自殺者も出たということでした。被曝のリスクを負いながら牛の命を守るために餌《えさ》をやり続ける吉澤さんの必死の訴えに釘付けとなり衝撃を受けました。その一部ですがどうか耳をお傾けください。

「われわれは死を覚悟したときもあったし、生死の境目はいっぱいあった。原発事故の加害者であるオフサイトセンターはすぐに逃げ、東電も逃げようとしたし、国は情報を隠し、被害を増大されたわれわれは「棄民」なのだ。避難するときはまさに、国の戦争に巻き込まれた被災民のように、国の原発施策に追われる戦争避難民の気持ちで逃げたのだ。われわれは棄民なのだ。二十七カ所の避難所に七千人が避難し、二千人が県外避難をしているが、多くの避難民は生きる希望を失ってすでに部落のコミュニティは崩壊している。しかし、この無念の思いを背負って原発を乗り越え、原発を無くすために私は一生闘う。牛を殺処分させず飼い続け、牛たちと運命を共にする覚悟だ。原発事故後すでに、まだら状の斑点《はんてん》のある異常な子牛が八頭生まれている。研究機関と協力して生きた証明として追及していき、殺処分などの証拠隠滅をさせない。何処にも帰る場所のない警戒区域の怒りを、東電、国にぶっつけていく。被災地の難民がその体験を、無念を生の声であらゆる方法で伝えていく。これまで真実を隠蔽《いんぺい》し、目隠しし、猿轡《さるぐつわ》をはめて進めてきた原発の安全神話は吹っ飛んだんだ。牛を飼い続けることにいろいろと圧力がかかるが、農家が牛を飼って何が悪い、これは抵抗のシンボルなんだ」

研究機関や医療機関などの放射線管理区域規定ですら年間許容量は五ミリシーベルト以下であるのに、政府は、年間二〇ミリシーベルト以下の地域を避難指示解除準備地域として住民の帰還を進めようとしていますが、これではさらなる被曝を強いることになります。

政府は、高速増殖炉サイクル研究に巨額な予算を計上し、核燃サイクルの維持推進や原発の再稼働、運転期間四十年を超える原発の特別措置として二十年の延長に道を開き最長六十年運転を認めるなど、あくまで原発推進政策を推し進めようとしています。

原発を稼働する限り、核燃料サイクル施設を運転しようとする限り、大量の使用済み核燃料の排出、再処理によるウラン、プルトニウムや高レベル放射性廃棄物が増え続けます。原発も核兵器も、劣化ウラン兵器も人間の基本的な生きる権利を根底から破壊してきました。核開発の過程で不可避に出される放射性廃棄物、特に原発の使用済み核燃料の再処理で排出される高レベル放射性廃棄物は、処理方法も廃棄場所も全く見通しのつかない状態にあります。各地の原発に溜められている使用済み核燃料はすでに満杯のところが殆《ほと》んどであるにも拘《かかわ》らず、政府や電力資本は川内《せんだい》原発、高浜原発、伊方原発など原発の再稼働を強行しようとしているだけでなく、上関《かみのせき》などに原発の新建設の意図さえ抱いています。そこで増え続ける放射性廃棄物のことや、核被害の拡大などは意に介しないのでしょうか。

日本におけるプルトニウムの蓄積はすでに四十七トン（二〇一七年では四十八トン）にも達していますが、六ヶ所村の使用済み核燃料再処理工場や、高速増殖炉もんじゅの運転計画を進め、（政府は二〇一六年十二月に、もんじゅの廃炉を決めたが、あらたな高速増殖炉の開発を進めることを表明）さらにプルトニウムを増やそうとしています。これは、日本が核兵器保有への野望を持ち、その可能性を保持するためと言われても仕方がありません。

さらに安倍政権は、トルコ、アラブ首長国連邦、インドなど世界各国に原発の輸出を推し進めています。福島原発の重大事故など無かったかのような原発推進への強硬な姿勢からは、一部の巨大資本の利益、経済発展のみを露骨に追求し、原発被災者への賠償を後景に追いやり、切り捨てる権力者の姿しか見えません。

二〇一三年三月にも見た福島飯舘村での風景が脳裏から離れません。再開されたという小学校の前には、除染で出された放射性廃棄物を詰めたビニール袋の見渡す限りの山が築かれていました。これは「除染」ではなく「移染」であり、「除染」して二〇ミリシーベルト以下になったとして帰還を促すというパフォーマンスは「被曝の強制」につながります。福島の核被災者の「われわれは棄民だ」という憤りを共有しなければならないと思います。原爆被爆者についても黒い雨による内部被曝の被害などを無視し切り捨てるのと同様に、原発被害についても被害評価、補償の矮小《わいしょう》化を見逃してはならないと思います。

私たちは、人間の手に負えない負の遺産を、これ以上人類と地球に負わせてはなりません。核を利用するすべての段階で生じる放射能の内部被曝による人体への危険性は深刻です。核開発の過程で生み出される共通の核被害・放射線被害の連鎖を断ち切るために、「核と人類は共存できない」という核絶対否定の理念に立って闘ってきた先人たちに学び、この未曾有の試練に立ち向かいたいと思います。その一つとして「世界核被害者フォーラム」の広島開催を十一月に計画しています。核廃絶、脱原発、ウラン兵器廃絶そしてすべての核被害者救援のため、世界の核被害者――ウラン採掘、核実験、核戦争、劣化ウラン、原発事故などによるヒバクシャとの情報共有と連帯が今こそ求められています。

巨大地震の危険に満ちたこの日本、四国の地にある伊方原発でフクシマの再現が引き起こされないという保証がどこにあるでしょうか。瀬戸内海に面した伊方原発に今原子力規制委員会は三号機の審査書（案）を発表し再稼働への動きを加速させています。今生きる私達はこの瀬戸内海の恵みを、四国の自然を、人間が人間として生きていける場としての地球を自ら破壊することがあってはなりません。この海と大地と空を守り未来に引き継いでいく責任があるのだと思います。

核時代に生きる私達は、人間が核を絶対に否定していかない限り、核によって人間が否定されてしまうのだという事を忘れてはならないと思います。

（四国電力は二〇一六年八月、伊方原発三号機（出力八十九万キロワット）の再稼働に踏み切った）

フクシマを忘れない、繰り返させない特別アピール

二〇一五年十一月に広島市で開催された「世界核被害者フォーラム」では「フクシマを忘れない、繰り返させない特別アピール」が採択された。この章の締め括りにあたって、特別アピールを記しておきたい。

世界中に大きな衝撃を与えた3・11福島原発事故から、四年八カ月が経過した。今なお事故は収束せず、「汚染水」はコントロールされることなくたれ流され続けている。何十年、何百年も続く環境の放射能汚染によって、家族は引き離され、被災地の生活と産業、地域の文化は奪い去られている。放射線被曝による健康被害、世代を超えた健康影響ははかりしれないものがある。

毎日多くの労働者たちが、放射線にさらされながら過酷な労働条件の中で原発や環境汚染と対峙し、事故の収束・廃炉や除染作業に奮闘している。以前の暮らしを取り

戻すには何年、何十年、否、何百年かかるだろうか。どれだけの資金を必要とするだろうか。何人の犠牲者が生まれるだろうか。気が遠くなってしまう。

私たちはフクシマを忘れない、忘れてはならない。それは被害者の「命」と「生活」に寄り添うこと、被害者への補償はいうまでもなく、「事故を繰り返してはならない」とのフクシマの「思い」に真摯《しんし》に向き合うことである。

今年のノーベル文学賞には、ベラルーシの作家、スベトラーナ・アレクシエービッチさんが選出された。彼女の書いた『チェルノブイリの祈り』が評価されたからである。この著書に記されているチェルノブイリ被害者の証言は、チェルノブイリ原発事故から二十五年後に起こってしまったフクシマ事故の被害者の姿に重なる。

ヒロシマもナガサキも、ベラルーシの作家が語るチェルノブイリも、さらにフクシマも、歴史的「大惨事」として、時代の転換を画すものである。

これだけの惨事を起こしたにもかかわらず、その元凶である東京電力も、また「国策」として原子力発電を推し進めてきた政府も、誰ひとりとして責任をとろうとしていない。それどころか、国民の大多数が原発推進に反対しているにもかかわらず、政府や電力会社は、原発重大事故が起こりうることを前提に「再稼働」を強引に進め、また原発労働者に高線量被曝を強いる「緊急時被曝限度」の引き上げをしようとしている。福島原発事故の原因の十分な解明も、事故の収束も、事故対策も進まず、何よりも被害者に対する救済が切り捨てられる中での凶行である。

このような状況の中で、政府は世界各地に原発輸出を成長戦略の目玉として推進している。これに対しては、日本国内はもとより世界中の市民から「福島原発事故の反省もなく、原子爆弾の被爆国が……」という強い怒りと抗議の声が大きくあがっている。

来年はチェルノブイリ原発事故から三〇年、フクシマから五年という節目の年を迎える。

私たちは「核と人類は共存できない」という原点に立ち、世界中が原発に頼らない再生可能なエネルギー政策への転換を図るとともに、核兵器の廃絶をめざし、人類の生存とこの地球を守るために、繋がりあい連帯しながら行動する。このことを特別アピールとして決議し、チェルノブイリ、フクシマの思いと痛みを自らの問題として受けとめ、みんなの行動で核のない未来の実現を目指していこう。

二〇一五年十一月二十三日

世界核被害者フォーラム参加者一同

第七章　地球規模で広がるヒバクシャ

核被害を総合的に捉える

反核の父・森瀧市郎さんの亡き後、次女の森瀧春子さんは「核兵器廃絶をめざすヒロシマの会」の共同代表を務め、亡父の至言を自身の信念として繰り返し発信してきた。京都大学で森瀧さんの講演会が、二〇一五年六月に開かれた。反戦・反核・反差別の立場から社会問題にアプローチして、そのつど課題を提起している京都市の市民団体「アジェンダ・プロジェクト」が主催した。京都大学社会科学研究会「ピース・ナビ」が共催している。

森瀧さんの演題は「核と人類は共存できない～世界核被害者フォーラムに向けて」であった。このフォーラムは、亡父の森瀧市郎さんが主導して一九八五年に広島で開いた「国際ヒバクシャ・フォーラム」が、その原型である。一九八七年九月にニューヨークで第一回核被害者世界大会が開催され、一九九二年にベルリンで第二回大会が開かれて以来、ずっと途絶えていた。それだけに「世界核被害者フォーラム」実行委員会事務局長の森瀧さんは、この集いを重要視した。

2015年6月、京都大学総合人間学部での講演会

京都大学総合人間学部棟教室でマイクを握り、森瀧さんは次のように述べた。

「広島で被爆七十年というと、核兵器の問題に特化されるのではないかと恐れていました。もちろん核兵器の問題は核被害としても、核兵器禁止を求めるうえでも、被爆七十年は大きな節目です。しかし、核の商業利用である原発の問題に向き合わないで核廃絶を達成することはできません。

そこで被爆七十年に当たり、核被害を総合的に捉える企画を打ち出したのです。核被害に共通しているのは放射線被害です。この被害をなくすには、核利用サイクルを根本から断つことに尽きます。被爆者運動は、核兵器の禁止と被爆者援護を運動の両輪にしてきました。劣化ウラン兵器の問題も、福島にみられる原発被災の問題にしても、被害者の立場から被害を見据えて、廃絶に向けて取り組んでいくことが大切です。世界の核被害者を広島に招いて、被害の実態を明らかにしていく、そのうえで私たちは何をすべきかを考え、行動していきたいと思っています」

そして被爆七十年の秋――広島市の国際会議場で「核のない未来を！　世界核被害者フォーラム」が開催された。二〇一五年十一月二十一日から二十三日までの三日間にわたるフォーラムには、アメリカ、ロシア、オーストラリア、インド、イラク、韓国、中国など九カ国から招待者をふくめて延べ九百人が参加した。被爆七十年という節目の年にふさわしい企画であり、人類の未来を問う内容だった。主なセッションは次の通りで、私は会場の片隅で耳を澄ませて聞き入った。

「ウラン採掘、核実験、広島・長崎原爆被爆、原発事故、原発労働、劣化ウラン兵器による被害の実相」
「ヒバクに関する科学」
「核兵器禁止・劣化ウラン兵器禁止キャンペーン」
「反・核利用キャンペーン（ウラン採掘・原発・核燃料サイクル）」
「今後の核被害者ネットワークをどう築いていくか」

開会にあたり、実行委員会顧問で元広島市長の平岡敬さんが、核被害者の連帯を呼びか

世界核被害者フォーラムの参加者を前に、活発な討議を呼び掛ける森瀧春子さん

ける挨拶を述べた。

「核時代とは人間が被曝する時代です。被害者が世界規模で広がり、人間の犠牲のうえに核体制が築かれている。核は私たちの生存を脅かし、放射能汚染は地球規模で広がるばかりです。被害の全容を明らかにしていくためにも情報センターを設立するなどして連帯していきましょう」

フォーラム実行委員会の事務局長を務める森瀧さんは、こう呼びかけた。

「核の利用は軍事利用であっても商業利用でも、生命や人体さらには自然環境や社会までも破壊します。しかし、そうした核の惨事を予防することは不可能です。核の全面的な利用禁止を求めるために討論を深めましょう」

「私たちには怒る義務がある」

まず核実験を俎上《そじょう》にのせた。広島と長崎に原爆を落としたアメリカは、旧ソ連との冷戦下で互いに競って核実験を行った。米国・ネバダ州の核実験場では一九五一年から一九九二年の間に九百二十八発の核兵器を爆発させている。核実験場に隣接するユタ州から参加したメアリー・ディクソンさんはユタ大学創作部の部長で、核実験による健康への影響を調査しては著書で発表してきた。ディクソンさんは被曝のせいで二十九歳のときに甲状腺がんを患《わずら》ったと明かして、次のように語った。

「核実験による放射性降下物はジェット気流に乗って全米に運ばれ、悲惨な結果をもたらしました。一九九七年に国立がん研究所が公表した資料によれば、甲状腺がんだけで二十一万二千人が核実験によるとされています。悲しいことに、アメリカでは核実験場の風下にあたる地域に住んでいる人を含めて、多くの人が核実験の広範囲にわたる影響を十分に理解していません。アメリカの教科書に、核被害の記載がないからです。そのうえ被害の立証は、被害者に課せられています」

オーストラリアから来日した先住民のカリーナ・レスターさんは、かの地の反核の娘である。イギリスが一九五〇年代から南オーストラリアで行った核実験で、レスターさんの父親は両目を失った。それでも抗議行動を続けた姿は、広島原爆で右目を失明した森瀧市郎さんと重なる。核の知識のなかった先住民は、ここでも大きな犠牲を強いられた。

「父が住んでいたのは、核実験で大地が揺れ、黒い霧が降った地域です。多くの人々が被害を受けました。一九五三年から父は反核運動を始めますが、声をあげたきっかけは国営ラジオ放送です。住民には、被曝しないように核実験について知らせていた、と科学者がラジオで話したそうです。事実と違うではないか、被害を隠そうとしている——と父は憤りに駆られて活動家になりました。父の家族の多くが核実験の影響で亡くなり、父も失明しました。政府が放射性廃棄物の処分場を南オーストラリアに建設すると決めたとき、祖母が反対運動に参加したので、私も活動を始めたのです」

続いて中国の核実験が報告された。中国は一九六四年から九六年にかけて、新疆《しんきょう》ウイグル自治区で核実験を行った。十歳のときに核実験に遭遇したアニワル・トフティさんは現在、難民認定を受けてイギリスで暮らしている。トフティさんは外科医として核被害者を診ており、その実情を語った。

「核実験で視界が悪くなったとき、学校の先生からは砂嵐だと教えられました。その後、がん専門の外科医としてウイグル自治区の病院に勤務したが、住民にがんの罹患《りかん》率が高いのには非常に驚きました。自治区の病床は河南省と比較して人口比で十倍以上です。核実験は無辜《むこ》の民の命を脅かし続け、かつての実験場に有毒な核廃棄物を投棄するので、放射能汚染は依然として続いています。こうした症例を欧米のジャーナリストに提供したため、私は中国政府から追放されました。この地域の悪性腫瘍の広がりは放射能汚染によるものだから、国が責任ある態度を示して、弱体化した土地をこれ以上痛めつけないようにする必要があります」

切実な証言の数々が物語っているように、核爆発は長年にわたって人間の健康を蝕み、生活環境を汚染してやまない。核廃棄物の処分場をかつての核実験場に求めることが、核利用サイクルの限界を示していよう。

たとえ核実験にピリオドが打たれても、決して収束しない核汚染の実態は、プレフォーラムでも取り上げられた。

二〇一五年夏のプレフォーラムには、「ポリネシア仏核実験被害者団体」のローランド・オルダムさんら二人がパネルディスカッションに参加した。フランスは植民地にしていたポリネシアで、一九六六年から九六年の間に百九十三回の核実験を強行している。オルダムさんは次のように警告した。

「フランスが行った核実験のうち四十六回が大気圏ですが、放射性降下物はニュージーランドやチリにまで到達しています。百四十七回の地下核実験によってムルロア環礁の半分がいつ崩壊してもおかしくない状態にあります。崩壊すれば大量の土砂が海中になだれ込み、高さ二十メートルの津波が発生するとみられます。そして大量の放射能がまき散らされ、深刻な海洋汚染が広範囲に起きるにちがいありません」

オルダムさんは、会場を見渡してから、語気を強めるのだった。

「福島の原発事故の際、日本の専門家は、放射能はすでに封印されたと言ったそうだが、それはおかしい。チェルノブイリ原発事故のとき、フランスの専門家は放射能の雲はフランスの国境で止まったと発表したけれど、それと同じことだと思う。とかく専門家というのは、問題ないと言いますが、私たちは黙っているわけにはいきません。闘いは好きではありませんが、私たちには怒る義務がある、嘘《うそ》を糾弾する義務があるのです」

オルダムさんの住む地区は、フランスの核実験による核被害者の記念碑が建っている。そこにヒロシマ、ナガサキ、フクシマ、アルジェリア、フィジーなど世界各地の核被害者から送られた石が埋め込まれたという。

ヒバクシャは世界的な用語になった

森瀧さんが指摘している核被害の入り口にあたる「ウラン採掘」と出口の「劣化ウラン兵器」の実態報告も相次いだ。核実験やウラン採掘や原発事故によって放出される放射線が健康に与える深刻な影響は「ヒバクに関する科学」のセッションで取り上げられた。

ウクライナ国立放射線医学研究センター副所長のアナトリー・チュマク医師は、「ウクライナ国家報告書」（二〇一一年）の健康影響に関する作成責任者として知られる。チュマク医師は次のように語った。

「チェルノブイリ原発事故から三十年を迎え、放射線による後障害（晩発性障害）の問題が起きるようになりました。事故当初は急性放射線症で二十八人が亡くなり、二〇一三年までにさらに五十一人が死亡しました。主な死因は循環器系と固形がんです。生存者もさまざまな症状と疾患を抱えています。除染に従事している原発作業員は白血病の発症率が高く、被曝していない人の三倍にのぼります。広島や長崎では少なかったリンパ性白血病という珍しい病気もみられました。当初、子どもたちに多かった甲状腺がんは大人にも発症するようになり、その数は予測を大きく上回っています。女性のほうが男性より多い。私たちは被曝の影響を、正しく理解しなければなりません」

チェルノブイリ原発事故は三十年の歳月を要しても、避難指示が解除されないため帰宅できない人たちが多くいる。そのことだけにとどまらず、広島と長崎の被爆者にみられた「晩発《ばんぱつ》性障害」が出ているとの報告は、核放射線の脅威をあらためて提示した。

チュマク医師は「核被害は戦争だけでなく平和な日常下でも発生し、福島にあらわれました」と述べてから、こう指摘した。「放射線の影響を受けたとみられる人々への健康調査は必要です。対象者が福島県民に限られているようなので、もっと広げるべきではないでしょうか」

イラクのバスラがん予防センター長のカリーム・アブドゥルサダ・アブドゥアーメド医師は、米軍などが使った劣化ウラン弾の被害を報告した。

「バスラは二〇〇三年にイラクに戻りましたが、劣化ウラン弾の被害は相変わらず続いています。がんの治療は私の仕事ですが、年間にして四百例から五百例程度だったのに現在は二千例に及んでおり、そのうち一〇パーセントが子どもです。白血病が多く、女性は乳がんに罹っています。テロを警戒して医師が国外に出たため深刻な医師不足にも見舞われました。もちろん医薬品も不足しています。劣化ウラン弾による放射線障害の問題を大きくしたくないＩＡＥＡ（国際原子力機関）との間に密約でもあるのか、ＷＨＯ（世界保健機関）は本格的な調査に乗り出してくれません」

イラクでは戦争が終結しても、核被害を受けた住民の苦しみは続いている。献身的に医療活動に専念する医師の証言に、会場は静まり返った。

核戦争防止国際医師会議（ＩＰＰＮＷ）ドイツ支部のアレックス・ローゼン副会長は、ビデオレターで参加した。小児科医のローゼン副会長は福島県が行っている事故当時十八歳以下の県民の甲状腺検査について「増加傾向を憂慮している」と述べ、「包括的な健康診断をすべきである」と訴えたことで知られる。ローゼン副会長はヒバクシャと放射線量についてこう言及した。

「ヒバクシャは世界的な用語になりました。放射性降下物の影響を受けたヒバクシャが世界でたくさん出ています。ドイツでは原発の付近で、小児がんの発症が確認されています。一定の放射線量を定めて、それ以下の被曝であれば安全だという線量などありません。福島の原発事故は、放射能汚染のない環境に住む権利のある、一人一人の人間の問題です。

もちろん人間だけではなく、動物集団においてもそうです」

ビデオレターでそう述べてから、ローゼン副会長は最後に「ノーモア・ヒロシマ、ナガサキ、フクシマ、ノーモア・ヒバクシャ」と結んだ。

核実験、ウラン採掘、劣化ウラン兵器、原発事故……と核のもたらす被害のすさまじさには驚くばかりであった。核兵器廃絶国際キャンペーン（ＩＣＡＮ）の議長と核戦争防止国際医師会議（ＩＰＰＮＷ）の共同代表を務める、オーストラリアの感染症・公衆衛生の専門医、ティルマン・ラフ博士が「チェルノブイリ、フクシマは誰もが知っているでしょうが、世界の十五基の原発でメルトダウンが起きているのです」と語ったとき、私は息を呑んだ。ラフ博士は次のように続けた。

「原発で働く労働者に、明らかな健康被害があっても、公式見解はいつも大丈夫です――で済ませてしまう。大丈夫であるはずがなく、チェルノブイリの除染作業者には白血病が多い。昆虫のバッタ、それに鳥のオスは四〇パーセントが無精子であり、事実、鳥の種類が減っています。虫の突然変異もみられ、森林の火災は汚染したセシウムを拡散している。原発はいらない、と各国の政府に働きかけていかねば、核時代を終焉《しゅうえん》させることができません」

森瀧市郎さんは「核と人類は共存できない」と主唱したが、世界核被害者フォーラムの参加者の発言は、そのことを明確に示していた。

「核なき世界」を目指す取り組み

私たちの地球は、どれほど核に汚染されているのか。「世界核被害者フォーラム」で、この問いの答えを示してくれたのが、元京都大学原子炉実験所助教の小出裕章さんだった。「あらゆる核利用は、いわれなき犠牲をしわ寄せする」と題した基調講演で、核実験や原発事故により放出された放射性セシウム137の量を、小出さんは広島原爆と比較した。

小出さんによると、広島原爆で放出されたセシウム137は〇・〇八九ペタベクレル（ペタは千兆倍）だった。米露を中心に核保有国が冷戦期に大気圏内で繰り返した核実験では、実に九六四ペタベクレルものセシウム137が世界中にまき散らかされた。広島原爆のざっと一万倍である。ちなみにチェルノブイリ原発事故では八一ペタベクレル、イギリスのプルトニウム製造施設の火災事故でアイリッシュ湾へ垂れ流したのは四一ペタベクレル、東京電力福島第一原発事故では一五ペタベクレルだという。

「技術的には核の軍事利用であれ平和利用であれ、その区別はありません。平和利用といいながら人々を苦しめてきました。ウランの採掘から原発まで、すべての段階で労働者は被曝し、環境は汚染されます。福島の原発事故では、除染による放射性物質を大量に詰めた袋は増え続け、しかもそのまま積み上げられた状態にある。兵器だけでなく、すべての核利用を断ち切るしか解決策はないのです」

そう述べてから、小出さんは「破局的な事故の起きる前に原子力発電を止めなければと思って生きてきたが、結局できませんでした」と率直に語り、福島の大事故を悔やんだ。森瀧春子さんが「慚愧《ざんき》にたえません」と絞り出したときの表情と重なって見えた。

――核兵器はもちろん、原発をはじめとする核利用サイクルを、私たちはいかにして廃絶させていけばよいのか。

核兵器については「ヒロシマ以後」に原水爆禁止運動が始まった。原発は大事故を経て、核兵器と「コインの裏表」であるとわかり、再生可能エネルギーへの転換を求める声が強まってきた。しかし核兵器も原発も、国威を象徴するかのような顔をして、この地球に居座ったままである。

それでも「核なき世界」を目指して、各国の取り組みは続けられている。

フォーラムでは二人の弁護士が報告した。日本反核法律家協会事務局長の大久保賢一弁護士は、米軍の水爆実験で多大な核被害をこうむったマーシャル諸島共和国の取り組みを支援していると語った。

マーシャル諸島共和国は二〇一四年四月、核兵器保有国と保有しているとみなされる国々に対して、「NPT（核拡散防止条約）第六条に定める核軍縮に向けた効果的な措置を怠るなど国際慣習法に違反している」として、その確認を求めて国際司法裁判所（ICJ、オランダ・ハーグ）に提訴した。義務づけられた核軍縮をしていないではないか、と訴えたのである。大久保弁護士はこう解説した。

「マーシャル諸島は北大西洋の小さな島々で、東京都の八王子市くらいの面積です。その小さな核被害国が立ちあがり、核保有国は人間の正義を拒絶していると主張したのです。私たちはこの提訴を、核兵器のない世界に向けての具体的な行動の一つだと評価し、支持する声明を出しました。核保有国や依存国の思惑通りならないことを市民社会の力で変えていくことが大切です。相手国が応訴しないと国際司法裁判所は審理できませんが、イギリスだけが受諾宣言をしており、どのように応訴するのか注目しています。私たちはマーシャル諸島を孤立させてはなりません」

しかしながら国際司法裁判所は二〇一六年十月、マーシャル諸島の訴えは管轄権の前提となる具体的な紛争に該当しないと判じた。裁判は終わったが、核保有国に「反省」を促す試みだったのは間違いなく、この点は評価に値するだろう。

フォーラムの会場で、大久保弁護士は「日本は核兵器の依存国であり、潜在的な保有国でもあります。それだけに核廃絶に向けた市民社会の運動が重要なのです」と市民の結集を呼びかけた。

もう一人の弁護士は、ドイツから参加したマフレート・モーア氏だった。ウラン兵器禁止を求める国際連合（1CBUW）の運営委員で知られるモーア弁護士は、国際司法裁判所が一九九六年に出した「核兵器に関する勧告的意見」は、今も重要な意味を持っていると語った。この勧告的意見は「核兵器の使用や核兵器による威嚇《いかく》は、武力紛争に適用される国際法、とりわけ人道に関する国際法に違反する」と明言している。

モーア弁護士は勧告的意見を援用して、マルテンス条項を核兵器に適用すべきだと提言した。マルテンス条項は、条約で禁止されていない兵器でも、人道の面などから国際法の基本原則に反すれば、禁止される場合もあり得るとしている。モーア弁護士はこう述べた。

「特別法は一般法より優先されます。国際人道法や国際環境法の側面から、包括性を持って進めていくことが大切です。水銀を否定した水俣条約も一つの例で、有害物質を使うという理由で劣化ウランや鉛も対象になるでしょう。つまりトピックを広げていくのです。核兵器にしても人道面と環境面から、使ってはならない兵器にもっていきたい」

オーストリアが「人道の誓約」

ティルマン・ラフ博士についてはすでに紹介済みだが、博士はオーストリア政府の異例ともいうべき「人道の誓約」を高く評価した。「人道の誓約」の経緯を簡単に触れておきたい。

二〇一四年十二月、オーストリア政府主催の「第三回核兵器の人道上の影響に関する国際会議」が、首都ウィーンで開催された。ちなみに第一回会議は二〇一三年三月にノルウェーで、第二回会議は二〇一四年二月にメキシコで、それぞれ開かれている。

この第三回会議で、主催国オーストリアが「人道の誓約」を発表した。人道的見地から「核兵器を禁止し、廃絶する努力」を誓約したうえで、ＮＰＴ加盟国に「核兵器の禁止及び廃棄に向けた法的なギャップを埋めるための効果的な措置を特定し、追求する」ように

ウィーンの市民社会フォーラムで核被害者の連帯を訴える森瀧春子さん（2014 年 12 月）

求めたのである。

ウィーン会議にあわせて、核兵器廃絶国際キャンペーンは現地で市民社会フォーラムを開いた。森瀧さんはＮＧＯの一員としてウィーンに入った。人道へのアプローチに国際的な潮流が生まれてきただけに、森瀧さんは記者会見で「核兵器廃絶に向けた道筋をつくることに貢献したい」と述べた。一方で、厳しい表情を覗かせてもいる。

「アメリカをはじめとする核保有国と日本など〈核の傘〉に依存する国が、核兵器廃絶の流れを止めようとするのではないかと警戒しています。核兵器禁止条約を目ざす国々と一緒になって行動していきたい」

この後、「核兵器廃絶をめざすヒロシマの会」の共同代表を務める森瀧さんや「ピースボート」共同代表の川崎哲《あきら》さんらによる「核兵器廃絶日本NGO連絡会」は、外務省と意見交換会を持った。その席で、オーストリアの提案した「法的なギャップ」を埋める行動に賛同するように求めた。しかし外務省は「最終段階で法的規制は可能だが、核兵器禁止条約を議論する機は熟していない」と返答している。ことほどに日本政府は、アメリカの「核の傘」に依存する安全保障政策を楯に、核兵器禁止条約に後ろ向きであり続けた。

振り返れば、二〇一二年十月に国連総会で発表された核兵器の非人道性に関する三十五カ国共同声明に、日本政府は反対している。どこの国よりも核の非人道性を知っているはずの被爆国の政府が、この声明への賛同署名を拒否したのだから、失望と怒りは広がった。

森瀧さんらとの意見交換会で、外務省は「核抑止力の否定につながる共同声明なので署名しなかった」と、あらためて「抑止力」を持ち出している。対して「核兵器廃絶日本NGO連絡会」は共同世話人の川崎哲（ピースボート）さん、田中熙巳《てるみ》（日本原水爆被害者団体協議会）さん、朝長《ともなが》万左男（核兵器廃絶地球市民長崎集会実行委員会）さん、内藤雅義（日本反核法律家協会）さん、それに森瀧春子（核兵器廃絶をめざすヒロシマの会）さんが連名で、二〇一二年十一月二十二日に次のプレス・ステートメントを発表した。

日本政府は、核兵器の使用が非人道的なものであることを認めつつ、「核兵器のない世界」を求める国連決議案を毎年提出しつつ、その一方で、日本にとって米国の核兵器が必要であると公言してはばからないのである。そして、核が二度と使われないことを保証するために必要なのは、核の非合法化ではなく、核抑止であると明言した。非合法化なくして「核兵器のない世界」が実現するはずがない。政府は「核兵器の使われない世界」をめざすとしつつ、「核兵器のない世界」を求めてはいないのである。

私たちは、このような政府の立場を到底認めるわけにはいかない。

第一に、日本は被爆国として、まさに非人道的な惨禍《さんか》を、身をもって経験した国であるからこそ、核の非合法化に向けて世界の先頭に立つ責任がある。被爆者は、核兵器は存在そのものが人類にとって道徳的退廃であると訴え続けてきた。

第二に、核を保有することが核の使用を防ぐという抑止論には、何の根拠もない。むしろ核兵器の価値を見出す国がある以上、他の国も持ちたがり、世界に核は増殖していく。事実、一九七〇年の核拡散防止条約（ＮＰＴ）は五カ国を核保有国と認めたが、今日では北朝鮮も含めるならば九カ国が核を保有するに至っている。核が使われる危険が高まっている。核の使用を防ぐ唯一絶対的な道は、核兵器の全面禁止と廃絶である。

第三に、日本政府は核の非合法化に向けた段階的な措置、すなわち核の役割限定や先制使用の禁止についてすら、真剣に取り組んでいない。今回政務官は、日本への核使用を防ぐために核抑止が必要だと説明したが、これまで政府は、核以外の攻撃に対しても核使用を求める立場を繰り返し答弁している。重篤《じゅうとく》な核依存症といわざるをえない。

核兵器に対する政府のこのような政策は、矛盾にみち、人びとを欺《あざむ》くものである。それは、決して日本の人びとの気持ちを代表するものではない。私たちは、根本的な政策の変更を求める。

核兵器がいかに非人道的であるかは、広島と長崎の被爆者が死して残したカルテや、その凄まじい闘病記録から明らかだろう。また被爆地の医師たちの臨床論文でも証明済みである。

一例をあげれば、三十八年間にわたって一万七千六百五十五例の被爆者の染色体解析を行い、多重がんを突き止めた広島大学医学部名誉教授の鎌田七男さんは、三つや四つのがんと闘った被爆者たちを診てきた。多重がんは転移ではなく、放射線によって傷つけられた染色体が、高齢化とともに発がんを引き起こす。鎌田さんは「核兵器は遺伝子異常を引き起こす、だから非人道兵器なのです」と言明している。

被爆国であるがゆえに、被爆者やその支援団体や医師らは核の非人道性を知っており、だから政府への抗議の声は高まった。結局、こうした強い抗議を受けて政府は、二〇一三年十月にニュージーランドから出された「核兵器の人道上の結末に関する共同声明」に、遅ればせながら賛同の署名をした。百二十五カ国の賛同があった。

その一方で政府は、オーストラリア政府が十七カ国連名で発表した同じ題名の声明にも賛同している。その声明には「核兵器を禁止しても核廃絶は難しく、人道の議論と安全保障の議論の両方が重要である」といった趣旨が記載されていた。

核抑止力を是認して核廃絶を訴えることは、まさに二枚舌であり矛盾もはなはだしい。しかし、その二枚舌政策が日本政府の変わらぬ姿勢である。

森瀧さんは「原発の再稼働や核燃料サイクルの推進にみられるように、日本政府は核兵器開発の潜在的可能性を維持しようとしているからでしょう」と語り、こう厳しく指摘する。

「青森県六ヶ所村の核燃料サイクルや高速増殖炉の開発を放棄しないということは、プルトニウムの生産備蓄を追求して原発推進政策を続けるだけでなく、日本の潜在的核兵器保有能力の技術的基盤を保持するという国家戦略が隠されていると考えざるをえないのです。原子力規制委員会設置法に附則を付けて原子力基本法を改悪した事実、すなわち目的規定に〈我が国の安全保障に資する〉という文言を付け加えたことを見逃すわけにはいきません。すでに四十八トンもの大量のプルトニウムを保有し、高レベル廃棄物の処理方法すら未解決なままに核燃料サイクルが続けられていくなら、核兵器廃絶をめざす世界の潮流に逆行し、核兵器の開発と保有という潜在的意図も疑われることになります」

ことほどさように被爆国の政府らしからぬ姿勢は、二〇一五年春に米ニューヨークで開かれたNPT再検討会議でもみられた。百七カ国が賛同した核兵器禁止文書に、日本は加わらなかった。また、この年の年末に開かれた国連総会（百九十三カ国が加盟）では、百三十九カ国が核兵器禁止文書に賛成して国連で初めて採択されたが、米英仏露など核保有国は反対し、日本は棄権に回った。

こうした政府の姿勢に対して、川崎さんは世界核被害者フォーラムで、マイクを握りしめて語気を強めた。

「日本政府は核保有国と非核保有国の間の橋渡しをすると言っていますが、被爆国である日本が第三者的な態度でよいのでしょうか。核兵器の非人道性を強調しているオーストリアなどの国々からの信頼を失わないためにも、日本は矛盾した核政策を改めるべきです」

このとき会場を埋めた参加者は大きくうなずいていた。その参加者を見渡してから、マイクを渡されたティルマン・ラフ博士は、次のように締めくくった。

「ウィーン会議には、ローマ法王もメッセージを寄せ、核兵器を禁止すべきだと述べられました。オーストリアの出した人道の誓約は、各国の政府に核兵器の禁止を呼びかけるツールです。法的ギャップを埋める取り組みは短いスパンでいえば、一年か二年でも実現可能だろう。核保有国が軍縮の義務を果たしていないのだから、非核保有国が一致団結して取り組むことが大事です。核保有国は核兵器の禁止条約を怖れ、核軍縮の民主化も怖れている。であれば、すべての国が参加しなくても、非核保有国がリーダーシップを握って、保有国に圧力をかけることが、なにより重要です。一九四六年一月に開かれた国連総会の第一号決議は、核兵器をはじめとする大量破壊兵器の廃絶を目指す決議でした。生物兵器、化学兵器、対人地雷といった非人道性の兵器はすでに禁止条約ができています。核兵器も同様に禁止しなくてはいけません」

ラフ博士の主唱に、森瀧さんは唇を嚙みしめて、静かにうなずいていた。オーストリアによる「人道の誓約」は被爆国の日本政府が出すべきだったと、森瀧さんは痛憤しているに相違ない――私は森瀧さんの表情からそう察した。

「平和の種」が「反核の息子」に

森瀧春子さんが満を持して臨んだ世界核被害者フォーラムの会場で、あらためて決意を刻む再会があった。インド東部のジャドゥゴダに住むアシッシ・ビルリさんとの再会である。ビルリさんは、森瀧さんが代表世話人を務めた「インド・パキスタン青少年と平和交流をすすめる会」の招きで、二〇〇三年に来日している。当時、最年少の十三歳だった。

フォーラムには「インド・ジャドゥゴダ・ウラン鉱山・放射能反対同盟」を代表して参加した。ビルリさんの祖父母は、放射線の影響とみられる肺がんで死亡している。現在ビルリさんはフォトジャーナリストとして活躍しており、フォーラムの会場で故郷のウラン鉱山の採掘による核被害を訴える『インド・ジャドゥゴダ・ウラン鉱山写真展』を開いた。ビルリさんが撮った、先天性の障害をもって生まれた子どもたちの写真を前に、参加者は言葉を失うばかりだった。

「あなたのまいた平和の種が育ちましたね」

会場で、そう声をかけられた森瀧さんは、感無量の様子だった。

「たくましい青年になっていて嬉しかったです。報われた思いもあり、彼に一条の光を見ました。核被害を見据えた写真は、彼だから撮れたのです」

そう語る森瀧さんがコーディネーターを務めた「核サイクル被害現場からの報告―ウラン採掘」のセッションで、ビルリさんはマイクを握って訴えかけた。

「インドの政府は、私たち住民がガイガーカウンターを持つことを禁止しています。ウラン採掘による被害はないと言いますが、私たちは子どもが産まれたとき、ちゃんと指はあるだろうかと、そのことが気になって指を数える。こんな不安はもうごめんです。誰も責任を取らない死が横たわっています。しかし、政治家はウラン鉱山の問題を議会で取り上げません。これ以上つらい思いをする人を出さないためにも、福島の事故を経験した日本には手本を示してほしい」

そしてビルリさんは、こう結んだ。「ヒロシマは十三歳の私に大きな変化を与えてくれ、ジャドゥゴダで何が起きているのか、私は目を向けることができました」

核と人類は共存できない――とビルリさんは全身で語った。まぎれもなく「反核の息子」に育っていた。

森瀧さんは広島空港でビルリさんを見送るとき、フォトジャーナリストの彼がほしいと話していたＩＣレコーダを、写真展のお礼もこめて記念に贈った。写真とともに、核を告発する多くの声が収録されるにちがいない――。森瀧さんは「反核の息子」の乗っている機影を追いながら、そう確信するのだった。

森瀧さんは国際社会に訴えかける一方で、ビルリさんとの交流にみられるように草の根レベルでの活動も重視してきた。反核の父の影響が大きかったに相違ないだろうが、森瀧さんは活動の原点について、広島平和文化センターの機関誌『平和文化』（二〇〇九年六月）で、次のように述べて

アシッシ・ビルリさんと森瀧春子さん

いる。

〈一言で言うと、私が被爆していないことかもしれません。私と同年代の人には被爆者が多くおられる一方で、当時私は広島におらず被爆しませんでした。同い年の人の中には原爆により親を失い、孤児となって本当に厳しい生活の中で、施設や年の離れた兄弟、姉妹に育てられた人もいました。そのような中、自分には両親も健在で、戦後の貧しさはありましたが、彼らほどの経験ではなかったと思います。

そのことがどこか負い目になっていたのかもしれません。自分はある意味で恵まれているのだから何かしなければ！という思いは高校生の頃からあり、当時から風化が危惧されていた被爆体験の語り継ぎや、原爆資料収集などの活動をしてきました。この時の思いを忘れないようにするため、今でも『原爆の子』の本を読み返し、自分の思いを見つめ直すことがあります。このような思いをする子どもたちを、これ以上つくってはいけないと〉

かくして、森瀧さんが情熱を傾けて取り組み、被爆地・広島で初めて開かれた「世界核被害者フォーラム」は幕を閉じる。森瀧さんは次のように総括した。

「この七十年間、核兵器を使うな、と被爆者が懸命に訴えたこともあり、核戦争は起きませんでした。しかし、ウラン採掘や核実験、劣化ウラン兵器の使用、原発事故などにより核被害はひどくなっていくばかりです。世界核被害者フォーラムを広島で開いて、知らなかった核被害を教えられ、核のもたらす被害の深刻さと隠された闇の深さを、痛感させられました。あらためて核と人類は共存できない、と確認したのです。もっともっと正確な情報を世界で共有しあって、科学的にも、法律的にも、社会的にも、運動的にも、いろいろな問題を整理してネットワークをつくっていかねばなりません。被害者の立場にたって、深刻な核時代を終わらせる努力を続けていく必要があり、このフォーラムを新たな出発点としたい」

核兵器禁止条約に反対する被爆国

森瀧春子さんが事務局長を務めた世界核被害者フォーラムから、間もなく一年を迎えようとしていた。

二〇一六年十月二十八日、米ニューヨークで開かれていた国連総会第一委員会（軍縮）は、核兵器禁止条約に向けた交渉を二〇一七年に開始するように求めた決議案を、オーストリアやメキシコなど百二十三カ国の賛成多数で採択した。

世界核被害者フォーラムでも、「人道の誓約」を公表したオーストリアの活動は注目されていたが、国連の場で核兵器の禁止条約が協議されるのは初めてのことであり、なんといっても画期的だった。森瀧さんは、この採択を素直に喜んだ。

「長年にわたって訴えてきた、核兵器禁止条約の制定に向けて大きな前進です。百二十三カ国もの国が賛成しており、本当に嬉しい」

しかし、強い落胆と怒りもあった。唯一の戦争被爆国を標榜《ひょうぼう》して核兵器廃絶を掲げながら、日本政府がこの決議案に反対の一票を投じたからだ。ちなみに反対は米英露仏などの核大国をはじめ、アメリカの「核の傘」に依存している日本や韓国やドイツなど三十八カ国だった。中国やインドやパキスタンなど十六カ国が棄権《きけん》している。

日本政府の対応に、森瀧さんは強い口調で非難した。

「賛成に転じる余地を、まだしも残す棄権ではなく、反対なのですから、これは核兵器禁止を求める世論に対する妨害行為です」

岸田文雄外相は反対理由を「核兵器国と非核兵器国の対立をいっそう助長し、亀裂を深めるものであり、実践的措置を積み重ねる、わが国の基本的立場に合致しない」と述べた。森瀧さんは「日本政府は、核保有国と非核保有国との溝を埋めると言いながら、これでは溝を深めるだけではありませんか」と反論した。

かくして「核兵器廃絶をめざすヒロシマの会」は、三人の共同代表（青木克明、足立修一、森瀧春子の各氏）が連名で、安倍晋三首相と岸田文雄外相に「日本政府が核兵器禁止条約に関する国連決議案に反対したことに強く抗議する」との、次の抗議文を送付した。

世界の市民は核兵器による威嚇《いかく》ではなく、人権を尊重した話し合いによって国際社会の平和を実現することを望んでいる。核兵器廃絶は人類の悲願であり、その道程として、多数の核兵器非保有国が結集して保有国を包囲していく行動が着実に前進している。

しかし米国は同盟国に決議案への反対を迫り、米国の核の傘の下で、米国と共に戦争をする国を目指している日本政府・安倍政権はこれに従って、国連での核兵器禁止条約の交渉入り決議に反対の票を投じた。

米国の原爆投下によって甚大な被害を受け、今なお原爆症に苦しむ被爆者が多数存在する日本は、本来ならば共同提案国の要となるべき国である。今回、日本政府が反対票を投じたことは、われわれ日本国民のみならず平和を願う世界の市民にはとうてい理解できず許せないことである。

オバマ大統領のヒロシマ訪問は、多くの広島市民が核兵器禁止への道のりが進むことを願って歓迎した。オバマ大統領と安倍首相は慰霊碑の前で核の被害者に何を誓ったのであろうか。私たち「核兵器廃絶をめざすヒロシマの会」は、今回の決議案に反対した日本政府・安倍政権に強く抗議し、核なき世界の一刻も早い実現のため核兵器禁止条約の制定に向けて、世界の市民と共に活動を継続していくことを表明する。

日本政府の対応は、新聞各紙の社説でも問題視された。

〈しかし、対立が深いのなら、なおのこと日本は決議案に反対すべきではなかった。反対しておいて、今後、橋渡し役を果たすと言っても、どれだけ説得力を持つのか疑問だ〉（毎日新聞）▽〈せめて賛同はしないとしても棄権という選択肢もあったはずだ。このありさまでは被爆者はもちろんのこと、核廃絶を願い続ける多くの国民をないがしろにしたと言わざるを得ない〉（中国新聞）▽〈日本の核政策が世論、国民感情の疑問を抱えたままでは、国際社会の説得力も欠く〉（中日新聞）▽〈核の「廃絶」を呼び掛ける一方で「禁止」の交渉には後ろ向きの姿勢を示す。そうした対応には国内外からの批判の声があがる〉（神戸新聞）▽〈保留もせず、反対した国がどんな主張をするのか。国際社会に対する日本の姿勢が厳しく問われよう〉（河北新報）▽〈安倍晋三首相は「核廃絶」を強調しながら、米国の「核の傘」の下にあることを正当化。理念に行動が伴わない矛盾を世界にさらけ出した〉（福井新聞）

だが日本政府は、まったく聞く耳を持たなかった。ニューヨークの国連本部で、二〇一七年三月二十七日から五日間の日程で開かれたに核兵器禁止条約の第一回交渉会議に、唯一の戦争被爆国でありながら日本は参加を見送った。それも初日の会議に出席したうえで、不参加を表明するのだから前代未聞である。朝日新聞は社説で、こう述べた。

〈もはや日本政府が「被爆国として、核兵器廃絶に向けて世界をリードする」と言っても説得力はなくなった。広島、長崎の被爆者はもちろん、多くの国民の思いを裏切る行為だ。（中略）核兵器の非人道性を、核保有国の指導者はまず理解すべきだ。どの核保有国も状況次第で核を使う可能性を否定していない。条約ができれば、核の使用は国際犯罪になる〉

この歴史的な国際会議に日本政府が不参加を決めたのは、トランプ米大統領が核戦略の増強を打ち出したことと無縁ではないだろう。核兵器の非人道性を議論する場に加わらない被爆国の在り方は、その責任放棄を含めて歴史に汚点を残したといえる。

ということで、森瀧さんが共同代表を務める「核兵器廃絶をめざすヒロシマの会」は、この問題で再び抗議声明を出した。

初めての戦争被爆国でありながら、米国の核の傘の下にある日本が交渉会議に出席したものの、交渉のあり方に反対の意見を述べ、その後参加しないと表明するという、いわば会議の妨害に行ったとみられても仕方のないような行動を安倍政権が取ったことにつき、世界と日本の世論に逆行する行動であり、わたしたち広島市民は強く抗議する。

核兵器の廃絶は人類の悲願であり、国連が国際法で禁止することによる、その実現に向けて動きだす意義は極めて大きい。ヒロシマは核被害の原点から核を否定する。核の絶対否定なしに核兵器の廃絶も原発の廃絶も達成できない。

被爆者は、同じ地獄をどこの国の誰にも絶対に再現させてはならならないことを求めている。わたしたち広島市民は、原爆で亡くなった人々の無念の魂を背負って日本政府に対し、核兵器禁止条約の実現に向けて方針を転換することを求め、本年六月以降の会議に参加し核兵器国を巻き込む努力をすることを求める。私たちはヒロシマから希望を持って、この画期的な核兵器禁止条約の実現を通しての核兵器廃絶への道に力を結集し、ヒロシマからの声を挙げ続けていくものである。

しかしながら日本政府が、この会議に参加することはなかった。森瀧さんはアメリカの「核の傘」を重視する日本政府の姿勢にずっと失望させられてきた。かつてインタビューした折、森瀧さんは次のように語っている。

——政府の首脳は表向きには「核軍縮と核兵器廃絶をすすめる」と言います。

森瀧　言葉だけの決意や表明にとどまらず、なんとしても核軍縮を実現するのだという、政治家としての誠意を求めたい。被爆国として日本が「先頭に立つ」ためには、まずアメリカの「核の傘」から出なければなりません。そのためには核の抑止力に頼らない安全保障体制を構築する必要があります。それは平和外交をすすめ、北東アジアの非核地帯を拡大していくことです。

――「核の傘」から出たら、北朝鮮の核ミサイルや中国の核兵器へ対処できない、との声も強いです。

森瀧 自国の立場に固執するがゆえの意見ではないでしょうか。私に言わせたら、相手の立場から考える想像力に欠けています。つまり「核の傘」を強固にして、「核先制不使用」を宣言しないでほしいとアメリカに向けて発信するならば、北朝鮮や中国にとって日本は脅威になるはずです。日本の背後にいるアメリカの核に備えようとするでしょう。半面、「核の傘」から出て核軍縮を主張すれば、平和外交での説得力は増します。「核の傘」は核兵器廃絶の考え方を否定します。核軍縮を主張しながら「核の傘」を求めるのは、政治家として不道徳です。二枚舌は誰が考えてもおかしいではありませんか。被爆国として、日本国憲法の平和主義を順守するためにも、政府は覚悟を決めて、核兵器廃絶につながる「核兵器禁止条約」の制定を目指してほしい。

――被爆者の証言を聞くように、政府に申し入れてきました。

森瀧 原爆によって広島と長崎は人間的悲惨さの極致を体験しました。瞬時に大勢の市民が犠牲になった一方で、被爆者は今も原爆の後障害に苦しんでいる。「遅れた死」を背負わされているのです。「核と人類は共存できない」という教訓を結実させる意味でも、被爆者の声に耳を傾けてほしい。

かれこれ十年前のインタビューであるが、その後も、森瀧さんは一貫して訴えている。

国連で、核兵器禁止条約を策定

森瀧春子さんは点滴による抗がん剤治療を受けながら、懸命に活動を続けている。「核の文明」に反対し、「非核の未来」を目指す良識ある国々が、核兵器禁止条約の制定に向けて国連で動き出したことは、森瀧さんをして行動に駆り立てた。核兵器禁止条約を視野に入れて活動してきた経緯を、森瀧さんはこう振り返る。

私たち「核兵器廃絶をめざすヒロシマの会」は、オタワ・プロセスによる対人地雷禁止条約（一九九九年に発効）、そしてオスロ・プロセスによるクラスター爆弾禁止条約（二〇一〇年に発効）が成立したことに学び、志《こころざし》ある国家群と市民社会の連携により劣化ウラン弾や核兵器という非人道的兵器を、国際人道法の立場から法的に禁じていく道を――と声をあげました。二〇〇九年から赤十字国際委員会やNPT再検討会議など、機会あるごとに国内外で訴えてきました。

当時は「時期尚早」とか「非現実的」などの批判もあり、なかなか国際的な広がりをもたらすことができず、壁の厚さを感じていました。そうしたなかで国際赤十字は、私たちのレターへの返事と時を同じくして、核兵器の非人道性を広く国際社会にアピールしてくれました。こうして二〇一三年から、志を明確に持つ国家群が積極的に動き出し、市民社会と連携したうえで、核兵器禁止条約の制定を現実的な共通課題として掲げてきたのです。

私が参加した二〇一四年十二月のウィーン会議では、非人道的な核兵器を法的に禁止しようという流れは明確になってきていました。核を国際法で禁止して葬り去ることができる、そのためにも全力を尽くさねば、と心に刻んで帰国したことを思い出します。

二〇一七年六月十五日、ニューヨークの国連本部で核兵器禁止条約の第二回交渉会議が始まった。春の第一回会議に続くもので、直前の五月二十二日には、議長国コスタリカのエレイン・ホワイト駐ジュネーブ国連機関大使が「核兵器禁止条約の草案」を発表した。

草案の前文に盛り込まれた「Hibakusha（ヒバクシャ）」は、「核兵器使用の犠牲者」や「太平洋諸島などで核実験の被害を受けた人々」の総称であった。先住民の核被害にも触れて「受け入れがたい苦しみと被害に留意する」との表現は、核兵器の非人道性に通じる。世界核被害者フォーラムに参集した人たちのアピールが反映されており、「ノーモア・ヒバクシャ」の精神が貫かれていた。

森瀧さんらは草案の前文に「核兵器はいかなる場合の使用も違法」と明記されたことを評価する一方で、これまで問題にしてきた「核兵器による威嚇」の文言が抜け落ちているのは見逃せなかった。そこで、議長を務めるホワイト大使に宛てて、その旨を記した書簡を送る。森瀧さんは顧みて、次のように語った。

「核兵器による威嚇は、核抑止力の考えに通じます。被爆者は核兵器の存在そのものを許せないのに、その存在を利用して相手国を脅すというのは言語道断なのです。だから威嚇に言及した文言は抜けてはならないと思いました。ホワイト大使への書簡は、威嚇に言及していないことを問い詰める内容ではなく、とても残念ですと柔らかい表現にして、しかし私たちの願いを伝えました」

議長のホワイト大使は、森瀧さんら被爆地からの声を受け止めてくれたのか、交渉会議中の六月二十七日に草案の修正案を発表した。修正された前文に「核兵器による威嚇は自制しなければならない」と盛りこまれていた。核兵器による威嚇を「違法」と踏み込めずに「自制」の表現にとどめたのは、会議に参加していない国々が条約を受け入れやすいように配慮したとみられる。

しかし、「非核の未来」を目指す国々の熱意は、交渉会議の大詰めになって大きなうねりを起こした。七月三日に発表された最終草案で、前文の文言をそのまま残しながら、「核兵器による威嚇は違法」との禁止条項が第一条に追加されたのだ。核兵器の使用はもとより、核抑止力を明確に否定しており、画期的な内容となった。

森瀧さんは、志のある国々の熱意と、ホワイト議長の誠意に万感の思いを寄せて、こう強く言い切る。

「核兵器による威嚇は違法であると、禁止条項に入ったことにより、日本など〈核の傘〉の恩恵を受けようとする国々は、国際規範によってその姿勢を問われることになります」

核兵器は「脅し外交」の手段に使われて国際政治を歪めてきた側面があるだけに、核抑止論を否定する条項の追加は、森瀧さんをいたく感激させた。

さて、「ヒバクシャ国際署名」である。この署名活動も、森瀧さんの胸をうった。日本被団協を中心に被爆者の呼びかけで始まった核兵器禁止条約の制定と核廃絶を求める世界規模の署名運動で、六月九日までに二九六万三八八九人分が集まった。日本被団協事務局次長の和田征子さんが六月十六日、ホワイト大使に署名目録を提出した。長崎の原爆資料館を視察したことのあるホワイト大使は感無量の様子で、和田さんら被爆者のリーダーシップに感謝したいと述べている。

こうした動きに呼応して、森瀧さんが共同代表の「核兵器廃絶をめざすヒロシマの会」は「ヒロシマ緊急共同行動」を訴えかけた。賛同した広島県内の二十三団体が「核兵器禁止条約のためのヒロシマ共同行動実行委員会」を結成し、森瀧さんは事務局長に就任する。実行委員会は五月二十七日に「核兵器廃絶！　ヒロシマ市民集会」を開き、事務局長の森瀧さんは、こう呼びかけた。

「核兵器の非人道性を、もっともよく知るヒロシマから、声をひとつにして、核兵器禁止条約を実現させましょう」

市民集会の参加者は、次の「ヒロシマ緊急行動宣言」を発信した。

今、私たちは核兵器禁止条約の策定による核兵器の違法化という、核兵器廃絶への道を拓く画期的な現実を迎えようとしている。

米国をはじめとする核保有国及び核抑止力に安全保障を依存する国々は、核兵器禁止条約交渉会議をボイコットするよう各国へなりふり構わぬ圧力をかけて、核兵器禁止条約の成立を妨害しようと躍起になっている。私たちは、世界の核大国の必死の抵抗を侮《あなど》ってはならない。

私たちは、歴史的な核兵器禁止条約についての国連交渉会議が進展していることを歓迎し、核兵器保有国及び核兵器依存国の妨害に屈することなく、第二回交渉会合が進展して核兵器禁止条約が策定され、国連総会で成立することを強く求める。そのためにも、日本政府が、これまでの態度を改め、交渉会議に出席し、非人道的核兵器の非合法化に向けて、被爆国として積極的な役割を果たすことを求める。

核兵器廃絶はヒバクシャの願いである。広島・長崎での被爆後、これまでの

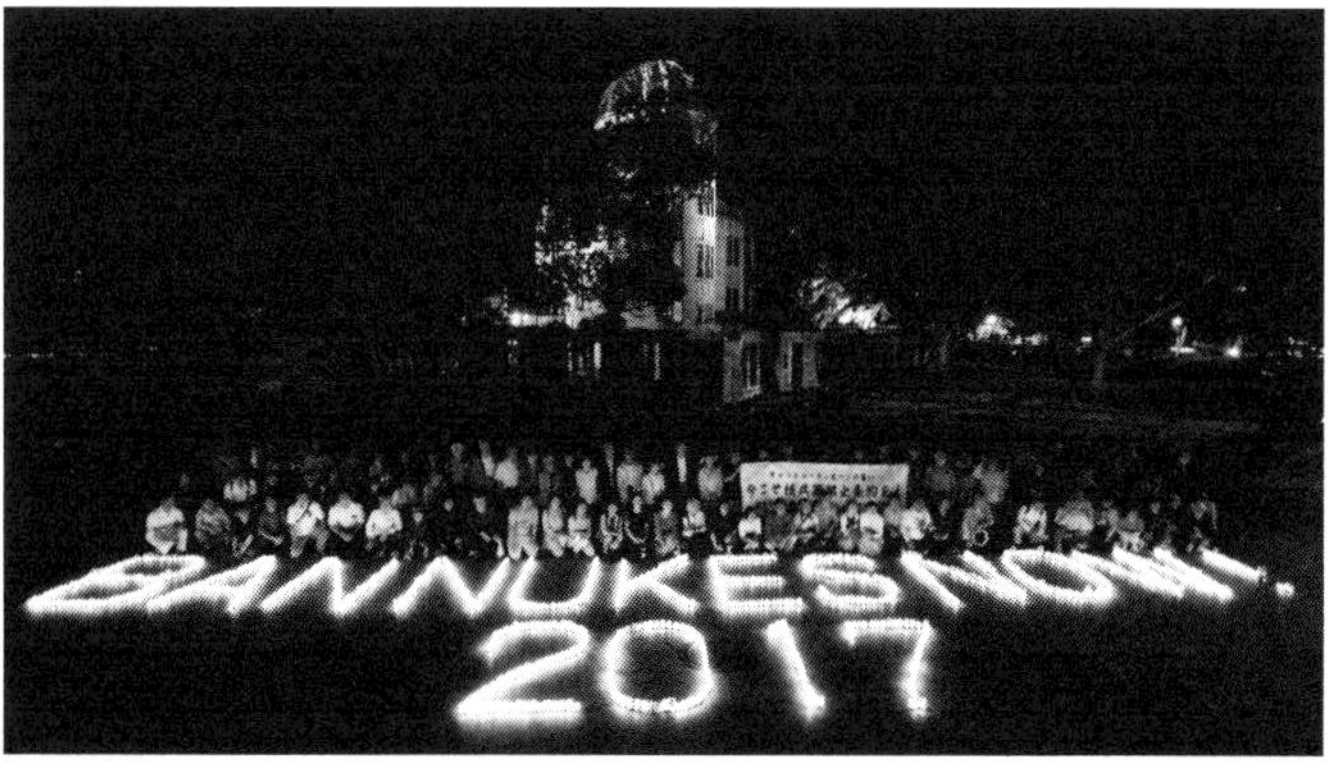

2017 年 6 月 15 日、キャンドルメッセージの集い　原爆ドーム前

七十二年間にわたるヒバクシャを先頭とする先人たちの「核と人類は共存できない」という血のにじむような闘いを引き継ぎ、核兵器の非人道性を最もよく知るヒロシマから声を一つにして、核兵器禁止条約を実現することを求め、世界に強く訴える。

さらに「ヒロシマ共同行動実行委員会」は第二回交渉会議が始まる六月十五日にあわせて、この日の夜に「原爆ドーム・キャンドル・メッセージの集い」を開いた。

「国連に、世界に届けようヒロシマの声　今こそ核兵器禁止条約を！」を合言葉にした集いにあたり、森瀧さんは「核と人類は共存できないという、この命題を実現していくためにも、今夜はヒロシマから訴えましょう」と語りかけた。
参加者たちが、約千本のキャンドルに火をつけると、「BAN NUKES NOW !」（今こそ核兵器禁止を）の文字が、原爆ドームを背後にした夜空にくっきりと浮かび上がった。このキャンドル・メッセージの写真はインターネットで、国連関係者はもとより核兵器廃絶国際キャンペーン（ＩＣＡＮ）など世界のＮＧＯに向けて、リアルタイムで発信された。

そして――森瀧市郎さんと春子さん父娘が、二代にわたって待ち望んだ日がやってきた。二〇一七年七月七日、ホワイト議長の取りまとめた草案が実を結び、国連で初めて核兵器禁止条約が採択された。百二十二カ国の賛成があった。ホワイト議長は「この条約は核兵器を禁止する規範となる」と明言した。
条約の第一条は、核兵器の開発、実験、生産、製造、取得、占有、貯蔵、移譲、そして核兵器の使用や、使用を示唆する威嚇、これらの活動への援助や勧誘などを全面的に禁止している。また第六条には、核被害者へ医療支援などの提供、汚染された地域の環境回復の義務などを盛りこんだ。国連総会で署名を受け付け、五十カ国の批准を得て発効の運びとなる。

2017年7月8日、核兵器禁止条約案採択を歓迎する原爆ドーム前集会

史上初めて核兵器を禁止する国際条約が策定されたのを受けて「核兵器禁止条約のためのヒロシマ共同行動実行委員会」は七月八日午後、「核兵器禁止条約の採択を歓迎する原爆ドーム前集会」を開いた。事務局長の森瀧さんは率直に喜びを語り、こう呼びかけた。

「人類生存への希望をもたらす、歴史的な日を迎えました。被爆者や市民が、核兵器の非人道性を訴え続けてきたことが、志ある国々に受け入れられたのです。核兵器禁止条約は核廃絶を実現していくうえで、最も現実的な法的規範です。ヒロシマの核兵器廃絶への強い思いを、世界に先駆けてアピールしましょう」

この日の参加者は、白い折り鶴を掲げて写真を撮った。キャンドル・メッセージのときと同様に、折り鶴のメッセージとして「核兵器禁止条約の採択をヒロシマは心から歓迎する」と、世界に向けて同時発信した。参加者一同による共同声明の大要は、次の通りである。

「核兵器禁止条約」は、「核と人類は共存できない」という理念を掲げた私たち世界の民衆と、その代表者である志を持つ国々の連帯の力で勝ち取ることができました。採択された「核兵器禁止条約」は、核の非人道性を問い糺《ただ》し、核が人類生存の道を阻《はば》む「悪」であるという烙印《らくいん》を押した国際規範です。核兵器使用の威嚇が禁止されたということは、核抑止力への依存を国策とする国家に深刻な打撃を与え、国際法で禁じられる故に安全保障政策の根底的な転換を迫るものになります。

また、核廃絶の原点である世界の核被害者に目を向け、その国家と被害をもたらした加害国の被害者への支援及び核汚染地の環境回復という責任と義務を明記したこと、核被害が特に弱き側の先住民の上に押し付けられていること、放射能の影響が母体である女性や将来の世代に及ぶことを明示し、核被害の及ぼす放射能の脅威を強調したことは、私たちが長年、核被害の実態と解明、そして被害の救援に取り組んできたことの反映です。

この条約はさらに、核保有国が条約に加入したうえで、保有する核兵器を時間枠の伴う検証可能かつ不可逆的な方法で解体していく道筋も定めています。

アメリカ等が関係諸国に不参加や反対投票をするよう圧力をかけている中で、また「核の傘」に依存する被爆国日本が反対表明や不参加の態度をとるなど妨害が続く中、確固とした信念に基づき採択を実現させたホワイト議長をはじめとする人々、国々に深い敬意を表します。

私たちは日本政府に要求します。直ちに被爆国としての責任ある態度を持って締約国となるよう署名、批准を果たして、国際社会の信頼を取り戻すべきです。日本政府がアメリカの「核の傘」に依存する政策は、すでに国際法によって違法となったことを肝に銘じなければなりません。

日米両政府などの抵抗と妨害を市民の力で無力にして、自国の署名批准を推し進めましょう。核兵器禁止条約を実現した大きな力を、私たちは持っています。

核兵器の最後の一つを、この世界からなくすまで、ヒロシマも世界の市民も、声を一つに頑張りぬくことを誓います。

被爆七十二年を経て、核兵器は国際規範により「悪の烙印」を押された。毎日新聞のニュース・情報サイト「デジタル毎日」から、核兵器禁止条約の前文に記された趣旨を紹介したい。

核兵器が使われる壊滅的な結末を、人道上から深く憂慮する。核兵器の全廃こそが、二度と使われないことを保証する唯一の方法である。核兵器が存在するかぎり、事故や意図的な爆発などの危険があることを留意したい。これらの危険は、全人類の安全保障に関わるので、すべての国が核兵器を使用してはならない責任を共有している。

核兵器のもたらす壊滅的な結果は、人類の生存にかかわる。それは環境から経済、食料の安全、そして現在と将来の世代の健康に深刻な影響を与える。放射線が母体や少女に及ぼす影響も認識したい。

核兵器のない世界を実現し、かつ維持することは緊急の課題で、倫理的な責務である。それは最高次元の公共の利益となる。

核兵器の使用による被害者（ヒバクシャ）ならびに核実験によって影響を受けた人々の容認しがたい苦痛と被害に留意し、核兵器に関わる活動で先住民に対する差別的な影響を認める。核兵器のいかなる使用も、人道の諸原則と公共の良心に反することを再確認し、武力（核兵器）による威嚇や武力の行使を自制しなければならない。

核軍縮の歩みは遅い。軍事や安全保障上の概念や教義、政策においては継続的に依存している。核兵器の生産や維持、近代化のために、経済的および人的資源を浪費していることを懸念する。

国際的に認知されている非核地帯の創設は、世界と地域の平和と安全を強化し、ならびに核不拡散体制を強化し、さらには核軍縮の目標実現に向けて貢献する。

平和と軍縮教育は重要である。現代および将来世代に対して、核兵器の危険性と使用されたときの壊滅的な結果を知るべきである。

人道的な観点から核兵器の禁止が要請されたのは、公共の良心がその役割を果たしたからである。この目的のために、国連や国際赤十字などの国際機関や非政府機関（ＮＧＯ）、そしてヒバクシャらが取り組んできた努力を、ここに認めたい。

ここに至るまで森瀧さんは、時には絶望の淵に沈むこともあった。しかし、諦める選択肢はなく、亡父・市郎さんが追い求めてきた「ひとすじの道」を突き進んだ。核兵器禁止条約が国連で策定された今、あらためて森瀧さんに聞いた。

――被爆者が願い続けて七十二年、やっと核兵器禁止条約が国連で採択され、国際条約となります。

森瀧　これまで理念だった「核兵器の禁止」が、具体的な国際法となるのですから、その意味するところは大きいと思います。私たちにとって当たり前である「核兵器の非人道性」の認識が、国際的に共有され、核兵器禁止条約の策定に結びついたことは意義深く、私たちは国際規範を手にしたのです。

――これで、核兵器の使用は国際犯罪になりますが、核保有国に遵守《じゅんしゅ》義務はありません。

森瀧　核保有国や核依存国が条約の外にいるかぎり実効性がない、とよく言われます。しかし、私たちはこれまでと違います。核保有国や核依存国に対して、理念をぶつけるのではなく、国際規範をぶつけることができます。国際法を守れ、核を脅しに使うな、核の非人道性と向き合え、早急に核軍縮に取り組め、と愚直に言い続ければ、必ず大きな国際世論となって後押ししてくれるのではないでしょうか。この核兵器禁止条約が生まれるまでのプロセスを通して、私はそう確信します。粘り強く本気で働きかけることが大切で、とにかく諦めないことです。

――次のステップは「核兵器廃絶」です。

森瀧　核をめぐる状況は、トランプ米政権の危険な核増強政策、北朝鮮の核実験の脅威、核保有国及び安全保障策を「核の傘」の核抑止力に依拠する日本などの強硬路線が緊張をたかめています。そうしたなかにあって、核権力者がいま怖れているのは、国民の一人一人が核の本質を見抜いて、核を絶対的に否定してくることではないでしょうか。核兵器禁止条約への大きな国際的潮流に危機感を漲《みなぎ》らせる米国などの露骨な妨害を、世界市民の連帯で力ないものにしていかなければなりません。

被爆者の笹森恵子《しげこ》さんに、お話をうかがったことがあります。笹森さんは十三歳の夏に、学徒動員で建物疎開作業に駆り出された広島市内で被爆し、原爆ケロイドの治療のためアメリカを訪れた「原爆乙女」の一人です。アメリカに在住している笹森さんが郷里の広島に一時帰省された折、若者たちの集会に招いて、被爆体験を語っていただきました。そのとき笹森さんが「核兵器は一発たりとも、あってはならないのです」と全身から発せられた言葉を、私は忘れることができません。そうなんだ、そういうことなのだ、と胸をうたれました。核兵器をゼロにしないといけない、こうした被爆者の声を国際世論にしていかねばならないと思います。

――森瀧市郎さんは、被爆直後に「力の文明」と呼んで批判したものが、今や「核文明」という姿を現してきたと語り、人類の存在をかけて「核文明」から「非核文明」への転換を図ろうと訴えました。

森瀧　振り返ってみると、私がたどってきた道は、父が追求してきた道です。厳しい道のりであっても、核兵器禁止条約を手にできました。父が理想とした「非核の未来」はまだまだ遠いですが、それでも次世代に希望をもっています。高校生平和大使をはじめ、お話をさせてもらいに伺う高校で出会った次世代の中には、実にしっかりした若者がいます。未来を託せる若者たちに、理念ではなく国際法を示して、だから核兵器は非人道的であり、だから廃絶しなければならない、とこれから説明できるので、理解も深まり、活動してくれると期待しています。核兵器禁止条約は、日本だけでなく世界の若者たちが「非核の未来」を切り拓いていくうえで、とても大きなツールになると確信しています。

いくぶん興奮気味に語った森瀧さんは、ひと呼吸してから、核兵器禁止条約の交渉会議に参加しなかった被爆国の政府を念頭において、次のように締めくくった。

核の絶対否定なしに核兵器の廃絶も原発の廃絶も達成できないことを確認し、日本政府の核抑止政策、原発推進政策、核燃サイクル維持、原発輸出政策などに反対する声を今こそ力強くあげていきたい。核による権力構造が社会を支配するかぎり、私たちが核を絶対に否定していかないかぎり、核によって人類が否定されます。人類が生き延びていく保証はありません。「核と人類は共存できない」という、核被害の原点から打ち出された教訓を生かしていかねばと決意をあらたにします。

森瀧さんらの反核平和団体が連帯を表明する「世界の市民」は、全世界のヒバクシャはもとより核兵器禁止条約に賛同した百二十二カ国の国民、そして「核と人類は共存しない」と確信する地球市民のことだろう。

最後に、反核の父・森瀧市郎さんの至言を、人類への箴言《しんげん》としてあらためて書き留めたい。

――いのちとうとし　核と人類は共存できない　人類は生きねばならない――

エピローグ

ふるさとの山はよきかも／ふるさとの川はよきかも／ふるさとの田畑はよきかも／なべてよし／わが生れし家はよきかも／ちちのみの父のいませし日のごとく／ははそわの母のいませし日のごとく／われをはぐくみいやしてやまず／きずつきし心もいえぬ／いたつきし身もよみがえり／老いの身に／若き日のごと／いのちみちくる

反核の父・森瀧市郎さんの即興詩である。郷里の君田村（現広島県三次市）で静養していた一九七七年に詠んだ。生家を継いでいる甥の森瀧昌宜《まさき》さんが運転する車で、隣村の姪の家に向かう途中、「ふるさと賛歌」を口ずさんだという。後年、森瀧さんは「ふるさと」について、次のように語っている。

「昭和二十年八月六日の広島原爆で、私は右目を失明しただけで一命は助かった。廃墟と化した広島から私が帰る所といえば、ふるさと君田よりほかはなかった。原爆の年の四月から、妻は子どもたちをつれて君田の私の生家に帰っていた。

妻や子どもたちが、年老いた父のいる私の生家に帰り、四カ年半にわたる疎開生活をしたということで、私のふるさとは妻や子どもたちにとっても、本当のふるさとになったのである。原爆の年の九月に、私は吉舎町敷地の星田眼科に入院した。半年間の入院生活中の思索が私の後半生の出発点となった。原爆などという「力」の絶頂を見せつけられた私が、近代の文明を「力の文明」として批判し、「愛の文明」の方向に人類生存の道を求めざるを得なくなったのがその思索の帰結であった。これが私の後半生を導いて反核反戦の道を辿らせて八十歳の今日に至らしめた」

妻のしげさんは追悼集で、こう語っている。

〈すべてを耐えて生きた夫は生涯、その心を故郷につなげ、慰めを得てきたように思う。夫の親を思う心はわが命を大切にという信念であった。さらにその心は父祖へと及び、そしてさらには自分を支え、守ってきた人たちへの思いへと深化していった。その思いは被爆後、自分に続く人たちへと広がり、さらに大きく人類への一被爆者の責任という段階に到達していったのであろう〉

初秋の日、昌宜さんの車に同乗させてもらい、森瀧さんの分骨墓を訪ねた。生家に近い墓地には、森瀧さんの両親も眠っている。

森瀧さんの戒名に「反核」の二文字が刻まれていた。昌宜さんは「叔母の強い希望でした」と話す。妻のしげさんは天上にいても、夫は反核を貫いていると確信していたのだろう。しげさんが森瀧さんのもとに旅だったのは二〇〇五年五月だった。

さて、反核の娘である。次女の春子さんについては、すでに記したように父市郎さんが歩んだ「ひとすじの道」に、同じ歩みを刻み続けている。

第一章で紹介した手記集『原爆の子』に、顔中を繃帯で巻いた父親との出会いを寄せた長女の安子さんは、『改訂版「原爆の子」その後——「原爆の子」執筆者の半世紀』に、次のように書き留めている。

〈横須賀、ついで川崎で教職に就き、それ以来三十七年間の教員生活を送った。当初は安保闘争の真っ盛りの時で、よく都心のフランスデモやジグザグデモに加わったものだ。（中略）教員であった夫と知り合い結婚。忙しい共働き生活が始まった。やがてベトナム戦争がはじまり、日本から飛び立った米兵たちによって罪のないベトナム住民が殺されていくニュースに心が痛んだ。「原爆の子」で読んだ広島の幼い犠牲者たちとベトナムの子たちが重なった。教えている生徒たちに「原爆の子」を伝えなくては、という思いにかられ、「道徳」の授業の間合に「原爆の子」の手記の中から、大体教えている子たちと同年代の人たちの手記を選んでプリントして生徒たちに読んでもらったり、担当の英語の教科では、峠三吉の「にんげんをかえせ」の英訳

「反核」の文字が刻まれた、森瀧市郎さんの墓石と甥の昌宜さん

や、トルコの詩人ナジム・ヒクメットの英詩「死んだ女の子」を教材に選んだりした。（中略）

退職までの十年は、中学から高校に勤めが変わり、中学に比べ、より自由に教育できる雰囲気の中で、学年全体として平和学習のスケジュールを作り、学年の担当教員で相談し計画できるのが嬉しかった。はじめて手さぐりで作った内容は、素朴で時間も遠慮がちに設けたものだったが、プリント学習で少し知識を身につけた後、映画「はだしのゲン」や「にんげんをかえせ」などを鑑賞させた。

最後の締めくくりとして広島から被爆で片足を失った沼田鈴子さんをお招きして生徒たちに体験談を語ってもらうことにした。松葉杖で壇上に上がられた沼田さんは、職場で被爆された時のありさまを元気にたんたんと語られ、後半は彼女がフィリピンに反核の意を伝えに行った時のことを「現地の人から『我々は日本からひどい目に遭い、苦しめられた。原爆が落ちて日本が敗け、我々を救ったのだ』と聞かされ、日本の加害の歴史の重さに目を開かされた。被害を語る時には加害にも思いを馳せる必要を学んだ」と話された。私も彼女の言葉から、つらい被害者だからこそ加害を受けた側の人の気持ちがわかるのだなと痛感した。生徒たちはこの老婦人、沼田さんから生きるパワーをもらったと、口々に感想を述べており、彼女が体育館のステージから降りてくると、一人の男子生徒が飛び出して、彼女に握手を求める一場もあった。私はその時、「原爆の子」と「現代の子」がぐっと近づいたように思えて感動したものだ。（中略）

戦後数年たった頃、文部省が出した「新しい憲法のはなし」という教科書を全員に配ってもらったのを読んだ時の、心が晴れあがっていくようなうれしさを今も忘れられない。「戦争放棄」ということばが、子供の私の体中の細胞にしみこんでくるような安堵感と幸福感をもたらした。この九条が危うくなっている。みんなで守っていこうと、地域でささやかながら活動をしている。（中略）

長い年月の間に三人の子を生み育て、日々の生活に追われる中で、目先の無事や安全にのみ気を遣い楽しみだけを追い求めがちの生活になってしまう。そんな時、戦時の体験などを読むと身が引き締まる。中でも「原爆の子」はその二、三篇を読み返してみると、子供たちのまじり気のない率直な言葉の訴えが、鮮血が吹き出すように流れ出てきて、私を叱咤《しった》激励してくれる。やはり平和への行動のエネルギーの源泉は「原爆の子」だと確信している〉

ここに登場する沼田鈴子さんは二十二歳の夏、勤めていた広島逓信局で被爆し、崩壊した建物の下敷きになり左足の大腿部から下を失った。婚約者の戦死を知らされ、自殺の二文字が頭を占めていたある日、幹の半分を原爆の熱線で焼かれたアオギリが小さな緑の芽を出しているのに気づいた。深い絶望の淵で見た被爆アオギリに感動し、原爆と障害に負けずに生きていこうと決意する。以来、広島を訪れる児童や生徒に、被爆アオギリの前で被爆体験を語り続けた。「アオギリの語り部」と親しまれたゆえんである。沼田さんは東京電力福島第一原発事故後の二〇一一年七月、福島を案じながら息を引き取った。

長女の安子さんもまた反核の娘であった。それだけに、反核の父・森瀧市郎さんの墓石に刻まれた「反核」の二文字を脳裡にうかべるにつけ、この国の政府は「反核」に背を向けているようでならない。

ニューヨークの国連本部で二〇一七年三月に開催された核兵器禁止条約の制定に向けた交渉会議に、唯一の戦争被爆国でありながら日本政府は不参加を表明した。森瀧春子さんが「百二十カ国以上が法的拘束力のある核兵器禁止条約制定を支持しているのだから、核兵器禁止を求める世論に対する妨害行為です」と、強い口調で批判するのも当然だろう。

皇太子ご夫妻の長女、敬宮愛子さまが学習院女子中等科の卒業にあたって、記念文集に寄せられた「世界の平和を願って」の一文を、私は思い出さずにはいられない。〈平和記念公園の中で、ずっと燃え続けている「平和の灯」。これには、核兵器が地球上から姿を消す日まで燃やし続けようという願いが込められている。(中略) そして、いつか、そう遠くない将来に、核兵器のない世の中が実現し、広島の「平和の灯」の灯が消されることを心から願っている〉

日本の、いや世界の児童・生徒たちの純真な願いだろう。こうした次世代に負の遺産を押しつけないためにも、核兵器禁止条約が国連で策定された今こそ、核保有国はもとより、日本など「核の傘」に頼る国々の為政者は「力の政治」の悪しき象徴ともいえる核兵器からの脱却に転じてほしい。人道的観点を抜きにした安全保障は、国際規範によって否定されたのである。

日本政府が「反核」に背を向ける姿勢は、原発政策にしても同じである。「原発依存度を可能なかぎり低減する」と公言しながら、政府は原発の維持と再稼働に邁進している。原子力規制委員会が「新しい規制基準」に照らして安全と認めた原発の再稼働を決め、次々に稼働させた。この時点でも、福島原発事故の際に出された原子力災害対策特別措置法に基づく原子力緊急事態宣言は継続している。

また政府は、あらかじめ取り決めた原則を壊しもした。福島の原発事故後に法改正して、「原子力発電所は、運転開始から四十年で原則として廃炉にする」と決めた。ところが早々とこの「四十年廃炉ルール」を骨抜きにして、安全審査の「新しい規制基準」に適合すれば、最長二十年の延長が可能としたのである。

老朽化した原発を「絶対安全」に稼働させることなど、本当にできるのだろうか。避難住民らによる損害賠償請求訴訟で二〇一七年三月、前橋地裁は「東京電力は津波の対応を怠り、国は適切な規制権限を行使しなかった」と両者の責任を断じた。福島の原発事故は「国策が招いた人災」であったと認めたのである。それなのに政府は、性懲りもなく再稼働政策を続けている。さらには七月、NPT（核拡散防止条約）に加盟していない核保有国のインドに、原発を輸出できる日印原子力協定が国会で承認されて発効が決まった。

この国は、なぜ暴走を続けるのだろうか――。「さようなら原発一〇〇〇万人アクション」の呼びかけ人になった落合恵子さんにインタビューした折、反原発デモの参加者について、こう語った。

「必ずしも従来言うところの、イデオロギーでは動いていません。もしそこに新しいイデオロギーがあるとするなら、それは〈いのち〉というイデオロギーでしょう。一人の人間の情動と論理が重なったそれに、私は折れないしなやかな強さを感じます」

原発に反対するイデオロギーが〈いのち〉と聞いて、私は得心させられた。「人間の安全保障」の骨格は「生命」〈いのち〉である。この国の為政者や原発の再稼働を推進している企業や技術者に欠けているのが、〈いのち〉と向かい合う真摯な姿勢だろう。

反核の父・森瀧市郎さんは〈いのちとうとし〉の立場から「核と人類は共存できない」と主唱してきた。父の遺志を受け継いで活動している反核の娘・森瀧春子さんは、「核燃料サイクルを断ち切るしか、人間の安全も、地球の安全もありません」と強調する。

森瀧市郎さんの思想が醸成された経緯はすでに記したが、同じ趣旨のことをベラルーシのノーベル賞作家、S・アレクシエービッチさんが述べていたのは興味深い。アレクシエービッチさんは『日本経済新聞』(二〇一六年四月九日付朝刊)のインタビュー記事「チェルノブイリ原発事故三〇年　科学と自然　新たな共生を」で、次のように語っている。

〈チェルノブイリは人類がそれまで経験したことのない恐ろしい悲劇だった。放射線被害に対する無力さも浮き彫りになり、科学技術で自然を征服できるといった従来の考え方は見直しを迫られた。あの事故は人類が自然との共生に向けた新たな哲学を生み出す必要があるという警告だったのかもしれない〉

原爆に右目の視力を奪われ、残された左目で「広島の地獄」を見た森瀧市郎さんが「力の文明」を否定する新たな哲学を求めたように、アレクシエービッチさんはチェルノブイリの大惨事を目の当たりにして「自然との共生に向けた新たな哲学」が必要だと語った。

アレクシエービッチさんの説く「自然との共生」は、森瀧さんにならえば「生命への畏敬」に根ざした〈いのちとうとし〉であり、落合恵子さんの言葉を借りると〈いのちのイデオロギー〉だろう。

二〇一七年一月二十六日、地球滅亡までの残り時間を示す「終末時計」が三分から二分三〇秒に縮んだ。米科学誌『核科学者紀要』が発表した。原爆の開発に携わった物理学者らの呼びかけで一九四七年に始まった「終末時計」は、米国と旧ソ連が水爆実験を本格化させた一九五三年が最悪で「残り二分」まで進んだ。今年になって二分台に戻ったが、これは米ソ冷戦の対立以来だという。

アメリカのトランプ大統領は「核戦力を大幅に強化し、拡大しなければならない」と述べた。ロシアのプーチン大統領はクリミア半島の併合をめぐるウクライナ情勢に「(核兵器を)使用する準備ができていた」と語った。北朝鮮は核実験を繰り返している。二分三〇秒を刻んだ世界終末時計は、核兵器が使用される懸念から警告を発したのである。

冷戦時代以来の深刻さとなった「終末時計」の針を戻すためにも、核を排除する哲学ないし思想を構築しなければならないと痛感する。その骨格をなすのは、人命と人権を重視する「いのちの文化」だろう。核兵器禁止条約が国連で策定された意義は大きく、二十一世紀に生きる者として、被爆国の国民の一人として、「非核の未来」を創造するための第一歩として、まずは〈いのち〉について深く考えたい。

＊　＊

本書の出版にあたって、森瀧春子さんには取材の便宜や写真のご提供をしていただきました。取材では、森瀧さんをはじめ多くの皆さまのご協力をいただきました。皆さまに深謝申し上げます。

また、本にまとめる機会を与えていただいた藤原書店の藤原良雄社長と編集の労をとっていただき、適切なアドバイスをしてくださった山﨑優子さんに、ここに深く感謝します。新聞の連載時は『毎日新聞』の同人に何かと協力をしていただいた。皆さん、有り難うございました。

二〇一七年七月

広岩近広

資料

世界核被害者フォーラム　広島宣言（世界核被害者の権利憲章要綱草案）

1　われわれ、世界核被害者フォーラムに参加した者は、アメリカ政府による原爆投下七〇周年に当たる二〇一五年の十一月二十一〜二十三日に、ここ広島に集った。

2　われわれは、核被害者を以下のように定義する。すなわち、狭義では、原爆の被爆者、核実験被害者、核の軍事利用と産業利用の別を問わず、ウランの採掘、精錬、核の開発・利用・廃棄の全過程で生じた放射線被曝と放射能汚染による被害者すべてを含む。また、広義では、核時代を終わらせない限り人類はいつでも核被害者＝ヒバクシャになりうることを認識して、核と人類は共存できないことをあらためて確認した。

3　われわれは、広島、長崎への原爆投下により、日本人だけでなく、日本の植民地支配と侵略を受けたためにその地にいた朝鮮半島、中国、台湾の人々や連合国の捕虜たちも犠牲になったこと、放射線・熱線・爆風で虐殺され、生存者も「地獄の苦しみ」を味わったことを想起した。また、われわれは、被爆者が、侵略戦争を遂行した日本政府の責任を問い、健康と生活の保障を権利として求め、法律で一定の補償を勝ち取ってきたこと、今なお被爆者が、「国家補償」を被爆者援護法に明記することを求め、被爆したのに、被爆者と認定されない者が権利を求めて闘っていること、核兵器廃絶に加え原発再稼働反対・原発輸出反対、原発事故被害者援護を求めて闘っていることを再確認した。

4　われわれは、二〇一三年にオスロ、二〇一四年にナジャリットとウィーンで開かれた「核兵器の非人道的影響に関する国際会議」の結果として、核兵器爆発が環境、気候、人間の健康、福祉、社会に破滅的な影響をもたらし人類の生存さえ脅かし、対処が不可能であるという認識が国際的に共有されたことを確認した。われわれは、核兵器の禁止と廃絶に向けた法的ギャップを埋めることを誓約し一二一カ国が賛同している「人道の誓約」を歓迎する。また、われわれは、二〇一五年十一月初旬には国連総会第一委員会（軍縮）で、「核兵器のない世界を実現し維持するために締結されるべき効果的な法的措置……および規範を実質的に取り扱う」公開作業部会を開催する決議が、賛成一三五カ国、反対は一二カ国のみで採択されたことを支持する。

5　われわれは、ウラン採掘や精錬、核実験、核廃棄物の投棄が、いまもつづく植民地支配、差別抑圧の下で先住民族の権利――先祖代々の土地と関連する諸権利をふくむ―を侵害しながら強行され、被曝を強要されるとともに、環境を放射能で汚染され、人間生活の基盤をも奪われた核被害者を日々増やし続けていることを確認した。

6 われわれは、核の連鎖が環境を放射能で汚染し生態系を破壊して人間をふくむ生物にさまざまな放射線障害を引き起こしてきたこと、またチェルノブイリに続くフクシマの原発苛酷事故の体験から、原発周辺の広大な地域に住む住民と事故処理労働者が被曝させられること、この過酷事故への対処が不可能であること、さらにはグローバルな放射能汚染を引き起こすことを認識した。また、われわれは、「核の軍事利用」と「核の産業利用」が原子力産業を通じて密接につながっていること、さらに劣化ウランを使用した放射能兵器など核の連鎖が全過程で大量の核被害者を生みだしてきたことを認識した。

7 われわれは、核の連鎖があるかぎり放射能災害の発生を防ぐことはできず、増え続ける核廃棄物の処理・処分の見通しは全く立たないうえ、核汚染は長期にわたり、環境の原状回復は不可能ということから、人類は核エネルギーを使ってはならないと認識した。

8 われわれは、東京原爆訴訟判決(一九六三年十二月)が米軍の原爆投下は国際法違反と認定したこと、国際司法裁判所が「厳格かつ実効的な国際管理のもとで、全面的な核軍縮に向けた交渉を誠実に行い、その交渉を完結させる義務がある」と勧告的意見(一九九六年七月)

を表明したことを知っている。この勧告的意見に基づき、二〇一四年四月、核実験の被害を受けたマーシャル諸島の人々の政府が、国際司法裁判所に、九つの核武装国に対して、提訴したことを支持する。

また、さらに、われわれは、核被害者世界大会が核保有国と原子力産業の犯罪責任を追及し（一九八七年ニューヨーク決議）、また軍産複合体に損害補償の責任を負わせるとしたこと（一九九二年ベルリン決議）を想起する。さらに、われわれは、「原爆投下を裁く国際民衆法廷・広島」がトルーマンを含む被告たち一五名全員の有罪を確定したこと（二〇〇七年七月）を確認する。

9　われわれは、核エネルギー政策を推進した国家及び放射能汚染を引き起こした事業者と原発など核施設のメーカーはその株主、債権者が責任を負担することを含めて、加害に対して責任を負うこと、また、原発輸出は人権侵害と環境破壊をもたらす危険があることを主張する。

10　われわれは、国際原子力機関（IAEA）や国際放射線防護委員会（ICRP）が、これまで放射線被曝による被害について過小評価して原発事故などの本当の影響を隠蔽してきたことを弾劾する。また、われわれは、IAEAに与えられた「原子力の平和利用促進」権限の廃止を求める。

11　われわれは、核の利用により、人間の生存の基盤を破壊し、生き物すべての生存を侵害する原因を生み出した者が、軍産官学複合体およびこれを支援する国家であることを指摘する。また、われわれは、これらの軍産官学複合体の構成員の行動が国際人道法、国際環境法および国際人権法の根本原理を侵犯していることを主張する。

12　われわれは、日本政府が、フクシマ事故後も、反省するどころか、適切な事実及び被害調査をせず、被害の実相を隠蔽し矮小化しながら被害者への支援を切り捨てる一方で、原発の再稼動及び海外輸出を行っていることを糾弾し、日本及び世界各地の原発と産業用核施設の建設・運転並びに原発輸出に強く反対する。

13　われわれは、ウラン採掘、精錬、核燃料の製造、原子力発電、再処理を中止し、核の連鎖を廃棄することを求める。

14　われわれは、核兵器を禁止し廃絶を命ずる法的拘束力ある国際条約を緊急に締結することを求める。

15　われわれは、劣化ウランを利用した兵器の製造・保有・使用を禁止することを求める。

16　われわれは、今回の世界核被害者フォーラムを契機として、核被害者の情報を共有し、芸術などを含むさまざまな方法やメディアなどの媒体で発信し、共に連帯して闘っていくことを確認した。

17　われわれは、この世界核被害者フォーラムの成果をもとに以下の世界核被害者の権利憲章要綱草案を世界に発信するため、広島宣言を採択する。

（2015・11・23）

世界核被害者の権利憲章要綱草案

［Ⅰ］核被害者の権利の基礎

1　自然界はすべての生命の基礎であり、人類を構成し文明を享受するすべて人間は個人として生命、身体、精神および生活に関する生来の平等な権利を有する。

2　何人も恐怖と欠乏から免れ、平和で健康で安全に生きる環境への権利を有する。

3　人類の各世代は、あらゆる生物の将来世代の利益を損なわないよう、持続可能な社会を享受する権利がある。

4　国際連合憲章でうたう本来的な人間の尊厳と人民の自決権、世界人権宣言、国際人権規約その他の国際人権文書及び先住民族の権利の宣言など、これらの国際実定法が定める生命、健康と生存に関する諸権利、並びに生成途上にある人類の法の内容をなすべき慣習国際法の原則が存在する。

〔Ⅱ〕**権　利**

（1）核時代に生きる何人も、現在と将来の核被害を防ぐために以下のことを求める権利を有する。

1　自然放射線・医療用放射線以外の放射線被曝を受けないこと。

2　被曝労働を強制しないこと。被曝労働が回避できない場合には、最小化すること。

3　医療被曝を必要最小限に留めること。

4　放射線被曝の危険性について、正確な情報を学校教育、社会教育を通して提供すること。情報には放射線被曝にリスクのないレベルはなく、とくに子どもや女性は被曝に対する感受性が高いことを含む。

（2）核被害者は次のことを求める権利を有する。

5　人格権、健康権を含むあらゆる人権及び基本的自由に対する核被害者の国内法上の権利を認めること。

6　過去、現在と将来の被ばく（被爆・被曝）による健康影響に対する持続的な健康診断と最善の医療の提供を自己負担なく受けること。これには、被ばく（被爆・被曝）二世、三世および将来世代も含む。

7　核利用の結果もたらされたすべての生命と健康、経済、精神、文化への被害について、加害者による謝罪と補償を求めること。

8　放射能で汚染された土地、住居、地域社会の環境の回復および地域（民族）文化の再生を求めること。

9　被ばく（被爆・被曝）状況について、加害者から独立した信頼できる科学的な調査と完全な情報公開を求め、この調査と個人情報に配慮しつつ情報管理とに被害者自身が参加すること。

10　放射能汚染地への帰還を強制されないこと。被曝地から避難するか被曝地に留まるかの選択の自由が保障されること、いずれの選択をした場合でも、できる限り被曝を避け、健康を守り、生活を維持、再建できる支援を受けること。

11　放射能汚染で健康が害される環境での労働を拒否すること、拒否後も不利益取扱を受けないこと。

（２０１５・11・23）

（「核兵器廃絶をめざすヒロシマの会」のホームページから）

核兵器禁止条約

前文　略

【第1条　禁止】

1　締約国は、いかなる場合にも、次のことを行わないことを約束する。

（a）核兵器その他の核爆発装置を開発し、実験し、生産し、製造し、その他の方法によって取得し、占有し又は貯蔵すること。

（b）核兵器その他の核爆発装置又はその管理をいずれかの者に対して直接又は間接に移譲すること。

（c）核兵器その他の核爆発装置又はその管理を直接又は間接に受領すること。

（d）核兵器その他の核爆発装置を使用すること又は使用するとの威嚇を行うこと。

（e）この条約によって締約国に対して禁止されている活動を行うことにつき、いずれかの者に対して、いかなる様態によるかを問わず、援助し、奨励し又は勧誘すること。

（f）この条約によって締約国に対して禁止されている活動を行うことにつき、いずれかの者から、いかなる様態によるかを問わず、いずれかの援助を求めること又は援助を受けること。

(g) 自国の領域又は自国の管轄若しくは管理の下にある場所において、核兵器その他の核爆発装置を配置し、設置し又は配備することを許可すること。

【第2条　申告】

1　締約国は、この条約が自国について効力を生じた後三十日以内に、国際連合事務総長に対して申告を行うものとし、当該申告において、

(a) この条約が自国について効力を生じる前に、核兵器その他の核爆発装置を保有していたか否か、占有していたか否か又は管理していたか否か、及び核兵器に関連するすべての施設の除去若しくは転換を含む自国の核兵器計画の除去を行っていたか否かを申告する。

(b) 前条(a)にかかわらず、核兵器その他の核爆発装置を所有しているか否か、占有しているか否か又は管理しているか否かを申告する。

(c) 前条(g)にかかわらず、自国の領域又は自国の管轄若しくは管理の下にある場所に、他の国が所有し、占有し又は管理する核兵器その他の核爆発装置が存在するか否かを申告する。

2　国際連合事務総長は、前項の規定に基づき受領したすべての申告を全締約国に対して送付する。

【第3条　保障措置】

1　次条1又は2が適用されない締約国は、将来において自国が採択する追加の関連する文書に影響を及ぼすことなく、少なくとも、この条約が効力を生じた時点において自国について効力を有する国際原子力機関の保障措置に関する義務を維持する。

2　次条1又は2が適用されない締約国であって、国際原子力機関と包括的保障措置協定を締結していないか、又は同協定の効力が生じていない締約国は、同機関と同協定を締結しかつ発効させる。その協定の交渉は、この条約が当該当事国につき効力を生じた時から百八十日以内に開始しなければならない。その協定は、この条約が当該締約国につき効力を生じた時から十八カ月以内に効力を生ずるものとする。締約国は、その後は、将来において自国が採択する追加の関連する文書に影響を及ぼすことなく、この義務を維持する。

【第4条　核兵器の全面的除去に向けた措置】

1　二〇一七年七月七日の後に、核兵器その他の核爆発装置を所有し、占有し又は管理しており、かつこの条約が自国につき効力を有する前に、核兵器に関連するすべての施設の除去若しくは転換を含む自国の核兵器計画の除去を行った締約国は、自国の核兵器計画を不可逆的に除去したことを確認することを目的として、この条の6の規定に従って指定された権限のある国際機関と協力する。この機関は、全締約国に対して報告する。当該締約国は、申告された核物質が平和的な核活動から転用されていないこと及び当該締約国全体において申告されていない物質又は活動が存在しないことにつき信頼できる保証を供与するに十分な保証措置協定を国際原子力機関と締結する。その協定の交渉は、当該締約国につきこの条約が効力を生じた時から百八十日以内に開始しなければならない。その協定は、この条約が当該締約国につき効力を生じた時から十八カ月以内に効力を生ずるものとする。締約国は、その後は、将来において自国が採択する追加の関連する文書に影響を及ぼすことなく、この義務を維持する。

2　第1条（a）にかかわらず、核兵器その他の核爆発装置を所有し、占有し又は管理している締約国は、直ちにその核兵器その他の核爆発装置を運用上の地位から撤去し、可及的速やかにかつ第一回締約国会議により決定される期日までに、当該締約国の核兵器計画についての検証を伴いかつ不可逆に除去を行うための法的な拘束力を有し期限を有する計画（核兵器に関連するすべての施設の除去又は不可逆的な転換を含む）に従い、その核兵器その他の核爆発装置を廃棄する。当該締約国は、この条約が自国につき効力を生じた後六十日以内に、この計画を全締約国又は全締約国が指定する権限を有する国際機関に提出する。その後に、この計画はこの権限を有する国際機関と交渉され、同機関は、後に最も早く開催される締約国会議又は検討会議のいずれかに対して、その手続規則に基づく承認のために、この計画を提出する。

3　前項が適用される締約国は、申告された核物質が平和的な核活動から転用されていないこと及び当該締約国全体において申告されていない物質又は活動が存在しないことにつき信頼できる保証を供与するに十分な保証措置協定を国際原子力機関と締結する。その協定の交渉は、前項に定める計画の実施が完了する期日までに開始しなければならない。その協定は、交渉開始の日の後十八カ月以内に効力を生ずるものとする。締約国は、その後は、将来において自国が採択する追加の関連する文書に影響を及ぼすことなく、この保障措置に関する義務を維持する。この項に定める協定の効力が生じた後、締約国は、この条に基づく自国の義務の履行につき国際連合事務総長に対して最終申告を提出する。

4　第1条（b）及び（g）にかかわらず、自国の領域又は自国の管轄若しくは管理の下にある場所に、他の国が所有し、占有し又は管理する核兵器その他の核爆発装置が存在する締約国は、可及的速やかにかつ第一回締約国会議により決定される期日までに、その核兵器その他の核爆発装置の速やかな撤去を確保する。この核兵器その他の核爆発装置の撤去に際して、この条に基づく自国の義務の履行につき国際連合事務総長に対して申告を提出する。

5　この条が適用される締約国は、この条に基づく自国の義務の履行が完了するまで、この義務の実施に向けた進展につき締約国会議及び検討会議に報告する。

6　全締約国は、この条の1、2及び3の規定に従い、核兵器計画についての検証を伴いかつ不可逆に除去を行うための計画（核兵器に関連するすべての施設の除去又は不可逆的な転換を含む。）を交渉し及び確認するために権限のある国際機関を指定する。この条の1又は2の規定が適用される締約国につきこの条約の効力が生じる前に、この指定が行われない場合は、国際連合事務総長は、必要な決定を行うために特別の締約国会合を招集する。

【第5条　国内の実施措置】

1　締約国は、この条約に基づく自国の義務を履行するために必要な措置をとる。

2　締約国は、この条約によって締約国に対して禁止されている活動であって、自国の管轄若しくは管理の下にある者によるもの又は自国の管轄若しくは管理の下にある領域におけるものを防止し、及び抑止するため、立法上、行政上その他の措置（罰則を設けることを含む）をとる。

【第6条　被害者に対する援助及び環境の回復】

1　締約国は、核兵器の使用又は実験により影響を受けた自国の管轄の下にある個人について、適用可能な国際人道法及び国際人権法に従い、年齢及び性別に配慮した援助（医療、リハビリテーション及び心理的な支援を含む）を適切に提供し、並びにこれらの者が社会的及び経済的に包容されるようにする。

2　締約国は、核兵器その他の核爆発装置の実験又は使用に関係する活動の結果として汚染された自国の管轄又は管理の下にある地域に関して、汚染された地域の環境上の回復に向けた必要な及び適切な措置をとる。

3　この条の1及び2規定に基づく義務は、国際法又は二国間の協定に基づく他の国の義務に影響を及ぼさない。

【第7条　国際協力および援助】

1　締約国は、この条約の実施を促進するために他の締約国と協力する。

2　締約国は、この条約に基づく義務を履行するに当たり、可能な場合には他の締約国からの援助を求め及び受ける権利を有する。

3　援助を提供することのできる締約国は、この条約の実施を促進するために、核兵器の使用又は実験により影響を受けた締約国に対して技術的、物的及び財政的援助を提供する。

4　援助を提供することのできる締約国は、核兵器その他の核爆発装置の使用又は実験の被害者のための援助を提供する。

5　この条に基づく援助は、特に、国際連合及びその関連機関、国際的な、地域的な若しくは国の機関、非政府機関若しくは赤十字国際委員会、国際赤十字・赤新月社連盟及び各国赤十字・赤新月社を通じて又は二国間で提供することができる。

6　締約国が国際法に基づき負う他の義務に影響を与えることなく、核兵器その他の核爆発装置を使用し又は実験した締約国は、被害者の援助及び環境の回復を目的として、影響を受けた締約国に対して適切な援助を提供する責任を有する。

【第8条　締約国会議】

1　締約国は、関連する規定に従いこの条約の適用又は実施に関する問題について、並びに核軍縮のための更なる措置について検討するため及び必要な場合には決定を行うために定期的に会合する。これには次の事項を含む。

(a) この条約の実施及び締結状況

(b) この条約に対する追加の議定書を含む、核兵器計画の検証を伴い、期限を有しかつ不可逆な除去のための措置

(c) この条約の規定に従いかつ適合する他の事項

2　第一回締約国会議については、この条約が効力を生じた後一年以内に国際連合事務総長が招集する。更なる締約国会議は、締約国による別段の合意がある場合を除き、二年毎に、同事務総長が招集する。締約国会議は最初の会期において手続規則を採択する。その採択に至るまでの間、核兵器の全面的除去に向けた核兵器を禁止する法的拘束力のある条約を交渉する国際連合会議の手続規則を適用する。

3　締約国の特別の会議は、締約国から書面による要請がある場合において締約国の少なくとも三分の一がその要請を支持するとき、国際連合事務総長により、必要と認められる場合、招集される。

4　この条約が効力を生じてから六年の期間の後、国際連合事務総長は、この条約の運用及びこの条約の目的の達成についての進展を検討するために会議を招集する。締約国による別段の合意がある場合を除き、国際連合事務総長は、同一の目的で六年毎に更なる検討会議を招集する。

5　締約国会議及び検討会議には、この条約の締約国でない国並びに国際連合その他関連する国際機関、地域的機関、赤十字国際委員会、国際赤十字・赤新月社連盟及び関連する非政府機関を、オブザーバーとして出席するよう招請する。

【第9条　費用】

1　締約国会議、検討会議及び締約国の特別の会議の費用については、適切に調整された国際連合の分担率に従い、締約国及びこれらの会議にオブザーバーとして参加するこの条約の締約国でない国が負担する。

2　この条約の第2条に基づく申告の送付、第4条に基づく報告及び10条に基づく提案された改正における国際連合事務総長が要する費用は、適切に調整された国際連合の分担率に従って締約国が負担する。

3　第4条に基づき必要とされる検証措置の実施に関連する費用並びに核兵器その他の核爆発装置の廃棄及び核兵器計画の除去（核兵器に関連するすべての施設の除去又は転換を含む）に関連する費用は、これらが適用される締約国が負担する。

【第10条　改正】

1　いずれの締約国も、この条約が効力を生じた後いつでもこの条約の改正を提案することができる。提案された改正の条文については、国際連合事務総長に通報するものとし、同事務総長は、当該条文をすべての締約国に通報し、当該提案を検討するために改正会議を開催すべきか否かについての締約国の見解を求める。締約国の過半数が当該提案を更に検討することを支持する旨を当該提案の通報の後九十日以内に同事務総長に通報する場合には、同事務総長は、次回の締約国会議又は検討会議のいずれかの最も早く開催される会議を招集する。

2　締約国会議又は検討会議は、締約国の三分の二の多数による賛成投票により採択される改正につき合意することができる。寄託者は採択された改正をすべての締約国に通報する。

3　改正は、改正の時点における締約国の過半数により改正の批准書又は受諾書が寄託された九十日の後、改正の批准書又は受諾書を寄託した締約国について効力を生ずる。その後、この改正は、改正の批准書又は受諾書を寄託した他の締約国につき、その批准書又は受諾書が寄託された九十日の後効力を生ずる。

【第11条　紛争の解決】

1　この条約の解釈又は適用に関して二以上の締約国間で紛争が生ずる場合には、関係締約国は、交渉又は国際連合憲章第33条に従い当該関係締約国が選択するその他の平和的手段によって紛争を解決するために協議する。

2　締約国会議は、この条約及び国際連合憲章の関係規定に従って、あっせんを提供し、関係締約国に対して当該関係締約国が選択する解決のための手続を開始するよう要請し及び合意された手続に従って解決するための期限を勧告することによる場合を含み、紛争の解決に貢献することができる。

【第12条　普遍性】

締約国は、すべての国によるこの条約への普遍的な参加を得ることを目標として、この条約の締約国でない国に対し、この条約を署名し、批准し、受諾し、承認し、又はこれに加入するよう奨励する。

【第13条　署名】

この条約は、二〇一七年九月二十日にニューヨークにある国際連合本部においてすべての国に署名のために開放しておく。

【第14条　批准、受諾、承認又は加入】

この条約は、署名国によって批准され、受諾され又は承認されなければならない。この条約は加入のために開放しておく。

【第15条　効力発生】

1　この条約は、五十番目の批准書、受諾書、承認書又は加入書が寄託された後九十日で効力を生ずる。

2　五十番目の批准書、受諾書、承認書又は加入書が寄託された日の後に批准書、受諾書、承認書又は加入書を寄託する国については、この条約は、その批准書、受諾書、承認書又は加入書が寄託された日の後九十日で効力を生ずる。

【第16条　留保】

この条約の各条の規定については、留保を付することができない。

【第17条　有効期間】

1　この条約の有効期間は、無期限とする。

2　締約国は、この条約の対象である事項に関連する異常な事態が自国の至高の利益を危うくしていると認める場合には、その主権を行使してこの条約から脱退する権利を有する。当該締約国は、寄託者に対しその脱退を通知する。その通知には、自国の至高の利益を危うくしていると認める異常な事態についても記載しなければならない。

3　脱退は、寄託者が脱退の通告を受領した日の後十二カ月で効力を生ずる。ただし、脱退する締約国が当該十二カ月の期間の満了の時において、武力紛争の当事者である場合には、当該締約国は、武力紛争の当事者でなくなる時まで、この条約の義務及びこれに追加される議定書の義務に引き続き拘束される。

【第18条　他の協定との関係】

この条約の実施は、締約国が当事国である既存の国際協定との関係で当該締約国が負う義務に影響を及ぼすものではない。但し、当該義務がこの条約と両立する場合に限る。

【第19条　寄託者】

国際連合事務総長は、ここに、この条約の寄託者として指名される。

【第20条　正文】

この条約は、アラビア語、中国語、英語、フランス語、ロシア語及びスペイン語をひとしく正文とする。

二〇一七年七月七日にニューヨークで作成された。

（日本反核法律家協会　緊急仮訳）

森瀧市郎・春子の活動年譜

西暦	森瀧市郎の活動	国内外の主な出来事（戦争と核を中心に）
一八九四		8月　日清戦争
一九〇一	4月28日　広島県双三郡君田村で生まれる。	
一九〇四		2月　日露戦争
一九一〇		8月　韓国併合
一九一四		8月　ドイツに宣戦布告、第一次世界大戦に参戦
一九二〇		1月　国際連盟発足
一九二一	3月～一九三一年3月　広島県立三次中学、広島高等師範学校を卒業し、京都大学文学部哲学科に入学、卒業後、大学院に進学。	
一九二三		9月　関東大震災
一九二五		4月　治安維持法公布
一九三一	4月　京都大学大学院修了後、広島高等師範学校の教授に就任。12月に、しげさんと結婚。	9月　満州事変（柳条湖事件）
一九三二	10月～一九四一年12月　二男二女の四人の子どもに恵まれる。次女・春子さんは一九三九年1月に生まれる。	

西暦	森瀧市郎の活動	国内外の主な出来事（戦争と核を中心に）
一九三三		1月 ヒトラーがドイツ首相
一九三七		7月 日中戦争
一九三九		9月 第二次世界大戦
一九四一		12月 ハワイ真珠湾を奇襲攻撃、太平洋戦争に突入
一九四二		6月 米国が原爆製造のマンハッタン計画に着手
一九四五	8月6日 広島市江波町の三菱造船所の動員学徒教官室で被爆、ガラス破片が右目に刺さり失明（春子さんは母親らと君田村に疎開していた）。 9月 原爆で負傷した目の治療のため広島県双三郡吉舎町の眼科医院に入院。「力の文明」を否定し、「慈の文化」に基づく「愛の文明」に思い至る。	7月 米国が世界初の核実験に成功 8月6日 広島にウラン型原子爆弾が投下される 8月9日 長崎にプルトニウム型原子爆弾が投下される 8月15日 敗戦。9月2日に降伏文書を調印
一九四六	3月 広島高等師範学校に単身帰任。教官や学生らと学園復興運動。	11月 日本国憲法が公布、翌年5月に施行
一九四九		8月 ソ連が初の核実験
一九五〇	2月 広島文理科大学文学部教授に就任。一九五三年4月に新制広島大学の発足に伴い、文学部教授に就任。	6月 朝鮮戦争。一九五三年7月に休戦協定
一九五一	9月「広島大学平和問題研究会」が発足し、世話人の一人となる。	
一九五二		4月 サンフランシスコ講和条約が発効、占領体制が終了 10月 イギリスが初の核実験

一九五三	2月「広島子どもを守る会」の会長になり、原爆孤児の精神養子運動を開始（春子さんは同級生の原爆孤児に比べて恵まれている自身に引け目を覚えたという）。	12月 アイゼンハワー米大統領が国連総会で「平和のための原子力（Atoms for Peace）」と原発建設に向けて演説
一九五四	5月「原爆・水爆禁止広島市民大会」を開催。3月に起きたビキニ事件を受けたもので、国連に届ける百万人署名運動を始める。9月に「原水爆禁止運動広島協議会」が発足、事務局長に就任。10月には、原水爆禁止署名運動全国協議会総会で、原水爆禁止世界大会の開催を提案。	3月 アメリカが中部太平洋マーシャル諸島のビキニ環礁で水爆実験、静岡のマグロ漁船「第五福竜丸」が被災する。乗組員二三人が被曝し、無線長が9月に急逝放射線症で死亡 10月 第二次大戦を防げなかった国際連盟の反省から国際連合を設立。日本は一九五六年に加盟
一九五五	1月「広島に原発建設の提案」がイエーツ米国下院議員からなされたため、市民に問題提起を明示する声明を発表。翌年には「広島原子力平和利用博覧会」が開催されるが、広島に原発が建設されることはなかった。しかし、日本列島は原発建設ラッシュとなる。 8月 第一回原水爆禁止世界大会を広島で開催、現地事務局長に就任。9月には「原水爆禁止日本協議会」（日本原水協）が発足、常任理事・代表委員となる（広島大学付属高校一年だった春子さんは世界大会に集まった人びとの熱気を舞台袖で見ていて、感激のあまり涙が止まらなかった。高校時代は被爆体験を風化させてはならないと、聞き取りと記録のサークル「原爆資料紹介の会」をつくって活動する）。	7月 人類は核廃絶にむけて立ち上がれ、とラッセル・アインシュタイン宣言 8月 広島原爆資料館が開館、長崎では平和祈念像が除幕。原爆資料センターも設置（一九九六年4月に長崎原爆資料館）
一九五六	8月「日本原水爆被害者団体協議会」（日本被団協）が発足、代表委員に就任。	10月 日ソ国交回復

西暦	森瀧市郎の活動	国内外の主な出来事（戦争と核を中心に）
一九五七	8月 原水爆禁止国民平和使節団としてイギリス、ドイツ、フランス、オーストリアへ平和行脚。バートランド・ラッセル博士と会見。	7月 ラッセル・アインシュタイン宣言をうけて、戦争と平和を科学者の立場からアプローチする第一回パグウォシュ会議が開催 7月 国際原子力機関（IAEA）が設立、本部はウィーン
一九六〇	8月 日本被団協の理事長制創設に伴い初代理事長になる。	1月 日米安保条約の改定に調印。安保改定をめぐり、国民運動として広まった原水爆禁止運動は各都道府県の原水協から自民党が脱退、民社党と全日本労働組合会議系労組が一九六一年11月に「核兵器禁止平和建設国民会議」（核禁会議）を結成する 2月 フランスが初の核実験
一九六二	4月 米ソの核実験再開に抗議して、原爆慰霊碑の前で一二日間座り込み。以後、核実験のたびに抗議の座り込みを続ける。 6月 ガーナで開かれた「原爆のない世界のためのアクラ会議」に大統領の招待を受けて出席。このあとランバレネのシュバイツァー博士を訪問。	10月 キューバ危機、米ソの核戦争が現実味を帯びるが回避
一九六三		11月 ケネディ米大統領が暗殺される
一九六四	3月 広島、長崎、静岡の県原水協の呼びかけで「原水爆禁止被災三県連絡会」（被災三県連）が発足する。日本原水協の共産党系はこの三県連を批判し、社会党・総評系が賛成に回ったため、事実上の分裂となる。	10月 中国が初の核実験

一九六五	2月　被災三県連の大会に参加した団体を母体に「原水爆禁止日本国民会議」（原水禁）発足、代表委員に就任する。 3月　広島大学を定年退官、名誉教授となる。 4月　被爆者平和使節団の団長としてソ連を訪問。	2月　米軍が北ベトナムの爆撃を開始。一九七三年に和平協定、一九七五年にベトナムの勝利で終結、ベトナムは社会主義体制となる
一九六七	3月　被爆者援護法の制定を求める日本被団協の国会請願行動をリード。	12月　佐藤栄作首相が国会で「非核三原則」の方針を答弁
一九六八	3月「原子爆弾被爆者の特別措置に関する法律案」（被爆者特別措置法）の国会提出に伴い陳情行動。翌年の9月に法律が施行される。	
一九七〇		3月　核拡散防止条約（NPT）が発効
一九七一	4月　アメリカ、イギリス、西ドイツ、フランス、スウェーデン、ソ連、ユーゴスラビアを反核平和行脚。	
一九七二		5月　沖縄県が本土復帰 9月　日中共同声明により日中国交回復
一九七四	5月　フランスの核実験に抗議するためフランス、イギリス、イタリアを訪問。	3月　インドが初の核実験
一九七五	4月　フィジーで開かれた「非核太平洋会議」に出席。 8月6日　被爆三〇周年原水禁大会・広島大会で「核と人類は共存できない」と主唱、以来、原爆と原発に「絶対否定」と貫く。	3月　生物兵器禁止条約が発効 7月　ロッキード事件で田中角栄前首相を逮捕
一九七六		6月　日本がNPT加盟

西暦	森瀧市郎の活動	国内外の主な出来事（戦争と核を中心に）
一九七七	5月 日本原水協の草野信男理事長との間で統一集会を目指す合意書に署名。 8月3日 原水禁世界大会が一四年ぶりに統一して開催、議長団を代表して挨拶。	
一九七八	5月 第一回国連軍縮特別総会に参加するためニューヨークを訪問。	5月 ニューヨークの国連本部で第一回国連軍縮特別総会
一九七九		3月 米スリーマイル島原発で大事故 12月 ソ連がアフガニスタンに侵攻
一九八〇	5月 ハワイの「非核太平洋会議」に出席、「非核太平洋人民憲章」を提案し、採択される。	9月 イラン・イラク戦争
一九八一	11月 西ドイツ・緑の党の招きで、ドルトムント市の平和集会で反核演説。	
一九八二	6月 第二回国連軍縮特別総会にNGOとして参加。	6月 広島市の荒木茂市長が「平和市長会議」を提唱、二〇一七年4月現在で、世界一六二カ国・地域の七二四七都市が参加
一九八五	6月 被爆者訪中団の代表として中国を訪問、「和平老人」の尊号を授与。 8月 広島で「国際被爆者フォーラム」を実行委員長として主催。	8月 日本航空ジャンボ機が群馬県・御巣鷹山で墜落、五二〇人が犠牲
一九八六		4月 ソ連のチェルノブイリ原発で大事故
一九八七	9月 ニューヨークで開かれた「第一回核被害者世界大会」に出席、「核文明から非核文明への転換」を訴える。	

一九八九	青森県・六ヶ所で開催された「反核燃全国集会」を呼び掛け、「人間の鎖」の先頭に立って行動。	
一九九〇	3月 原爆慰霊碑前で通算五百回目の座り込み。	10月 東西両ドイツが国家統一
一九九一	4月 谷本清平和賞を受賞。	1月 湾岸戦争。米軍中心の多国籍軍がイラクを攻撃 12月 ソビエト連邦解体
一九九三	12月「君田村名誉村民」の称号を贈られる。	
一九九四	1月25日 広島赤十字原爆病院で死去、九十二歳。	9月 原爆被爆者援護法が成立

西暦	森瀧春子の活動	国内外の主な出来事（戦争と核を中心に）
一九九四	3月 被爆者援護法の実現を求める決起集会で挨拶、亡き父・市郎さんと被爆者の強い連帯の絆を痛感し、父と共にある自身を認識。	
一九九五		1月 阪神淡路大震災 5月 NPT再検討会議の無期限延長が決定
一九九六		7月 国際司法裁判所が「核兵器による威嚇・使用は一般的に国際法に違反」と勧告的意見 12月 広島の原爆ドームが世界遺産に登録

西暦	森瀧春子の活動	国内外の主な出来事（戦争と核を中心に）
一九九七	6月 広島を訪れる外国人に英語で案内する「ピース・ボランティア・ガイド」に参加、原爆被害の実相を伝える。 11月「インド・パキスタンと平和交流をすすめる広島市民の会」の代表世話人となり、インドに反核平和行脚。	4月 化学兵器禁止条約が発効
一九九八	10月 インドとパキスタンの平和活動家を招待、広島、長崎で交流。	5月 インドが二四年ぶりに核実験を行い、対抗してパキスタンが初の核実験
一九九九	12月「核兵器廃絶二〇〇〇年キャンペーン」を結成、全国共同代表に就き東京でシンポジウム開催。	3月 対人地雷禁止条約が発効 9月 茨城県・東海村の燃料加工会社「JOC」で臨界事故、三一万人に避難勧告が出され、作業員ら一〇〇人が被曝、二人が死亡
二〇〇〇	2月 核実験を強行したインドを再訪、核廃絶を訴える。 3月 インド・ジャドゥゴダ村のウラン鉱山の核被害を告発したドキュメンタリー映画『ブッダの嘆き――ウラン公害に立ち向かう先住民』の上映運動を通じて、「ブッダの嘆き基金」を設立し、ウラン鉱山放射能被害者救援活動を始める。 7月「インド・パキスタン青少年と平和交流をすすめる会」を立ち上げ、世話人代表として両国を訪問。8月には両国から八人の青少年を広島に招く。	

二〇〇一	3月 NGO「核兵器廃絶をめざすヒロシマの会」(HANWA)が発足、共同代表の一人に就任。 8月 俳優の吉永小百合さんが、印パの若者と原爆詩を朗読。吉永さんは彼らを招く費用にとチャリティコンサートを開催して支援。 9月 インド・ジャドゥゴダ村のウラン鉱山で現地調査。	9月 米・ニューヨークで同時多発テロ事件。10月には「テロリストをかくまっている」との理由で、米軍がアフガニスタンを空爆
二〇〇二	4月「HANWA」で「ヒロシマ・ナガサキ反核平和使節団」を募り、同時多発テロが起きたアメリカで反核・反戦を訴える。 12月 イラクへの「市民平和調査団」に加わり、バグダッドとバスラを視察。	
二〇〇三	3月「声をあげよう今 戦争反対 劣化ウラン弾反対」の意見広告を「NO WAR NO DU!」の人文字の写真付きで、米『ニューヨーク・タイムズ』紙に載せる。 6月「NO DU(劣化ウラン兵器禁止)ヒロシマ・プロジェクト」を立ち上げる。「イラク戦争・劣化ウラン弾被害調査団」を募り、イラク戦争の終結宣言が行われた直後のバグダッドなどで土壌等のサンプルを採取。 8月 イラクから二人の医師を広島に招いて「国際対話集会 反核の夕べ」を開催。	3月 イラク戦争、12月にイラクのフセイン大統領を拘束、後に処刑。日本は二〇〇四年に陸上自衛隊を派遣
二〇〇四	5月「劣化ウラン兵器禁止を求める国際連合」(ICBUW)の結成会議(ベルギー)に出席、イラクの核被害を報告。 9月「核戦争防止国際医師の会」(IPPNW)世界会議(北京)で、劣化ウラン弾の問題を発表。	

西暦	森瀧春子の活動	国内外の主な出来事（戦争と核を中心に）
二〇〇五	11月 ジュネーブで開かれた「NO DU」ワークショップに参加、国連に反対署名を提出。	
二〇〇六	8月 広島市で「劣化ウラン兵器禁止を訴える国際大会」を開催、事務局長を務める。	10月 北朝鮮が初の核実験
二〇〇九	10月「核不拡散・核軍縮に関する国際委員会」（ＩＣＮＮＤ）の広島開催にあわせて、市民団体による「核兵器廃絶日本ＮＧＯ連絡会」を結成し、共同世話人に就任。	4月 オバマ米大統領がプラハで「核なき世界を目指す」と演説
二〇一〇	5月 ニューヨークで開かれたＮＰＴ再検討会議に際して、現地で核兵器廃絶、ウラン兵器廃絶に関する三つのワークショップを開催。	5月 ＮＰＴ再検討会議の最終文章に、人道的側面を盛り込む 8月 クラスター爆弾禁止条約が発効
二〇一一		3月 東日本大震災。東京電力福島第一原発で大事故
二〇一二	3月 東京電力福島第一原発事故一周年・原発反対ヒロシマ二〇〇〇人集会で基調提案。また、福島で開かれた原発反対シンポジウムに参加、被災地の飯館村を訪れ、原発事故の深刻さにあらためて驚愕。	
二〇一三		3月 ノルウェーで「第一回核兵器の人道上の影響に関する国際会議」が開催
二〇一四	7月 原水禁世界大会福島集会で基調講演。 12月 オーストラリア政府主催の「第三回核兵器の人道上の影響に関する国際会議」にあわせて、国際ＮＧＯ「核兵器廃絶国際キャンペーン」（ＩＣＡＮ）がウィーンで市民社会フォーラムを開催、出席してスピーチをする。帰途にアウシュビッツを訪問。	

二〇一五	6月　広島大学で非常勤講師として「核時代における加害と被害の構造」について講義。 7月　松山地裁で開かれた「伊方原発運転差し止め訴訟」の第一二回口頭弁論で、原告側に立って意見陳述。 11月　広島市で「世界核被害者フォーラム」を開催、事務局長を務める。	
二〇一六	1月　広島県被団協（坪井直理事長）の結成六十周年記念式典で、初代理事長の故森瀧市郎さんら功労者に感謝状が贈られ、受け取った春子さんは、遺志を継ぐと決意を表明。 2月　核兵器禁止条約問題で外務省と交渉。	3月　集団的自衛権を行使できる安全保障関連法案が施行 5月　オバマ米大統領が現職として初めて被爆地・広島を訪問 12月　高速増殖炉「もんじゅ」の廃炉を決定、核燃料サイクル政策は維持
二〇一七	1月　「核と人類は共存できない」と広島県原水禁で講演。 5月　「核兵器禁止条約のためのヒロシマ共同行動実行委員会」を結成、事務局長に就任。 6月　「原爆ドーム・キャンドル・メッセージの集い」を開催。	3月　国連で核兵器禁止条約の制定にむけて会合が始まる。核保有国や米国の「核の傘」に依存する日本は不参加 7月　核兵器禁止条約が成立

主な引用・参考文献

森瀧市郎『反核三〇年』日本評論社（一九七六年）
森瀧市郎監修・池山重朗編『核戦争3分前』日本評論社（一九八四年）
森瀧市郎他『非核未来にむけて――反核運動40年史』績文堂（一九八五年）
森瀧市郎『いのちとうとし』森瀧市郎先生の米寿を祝い激励するつどい実行委員会編（一九八八年）
森瀧市郎『核絶対否定への歩み』渓水社（一九九四年）
森瀧市郎追悼集『人類は生きねばならぬ』追悼集刊行委員会（一九九五年）
森瀧市郎『核と人類は共存できない』（『核絶対否定への歩み』の改訂版）七つ森書館（二〇一五年）
行安茂編集・発行『森瀧市郎先生の卒寿を記念して』（一九九一年）
中国新聞社『ヒロシマ四十年　森瀧日記の証言』平凡社（一九八五年）
日本ジャーナリスト会議広島支部編集・発行『広島ジャーナリスト　第一七号　二〇一四年六月』『広島ジャーナリスト　第二〇号　二〇一五年三月』
広島県編集・発行『広島県史　原爆資料編』（一九七二年）
坂本徳松『ガンジー　インド独立の父』旺文社文庫（一九六六年）
長田新編『原爆の子――広島の少年少女のうったえ』岩波書店（一九五一年）

宇吹暁『ヒロシマ戦後史――被爆体験はどう受けとめられてきたか』岩波書店（二〇一四年）
広島県編集・発行『原爆三十年』（一九七六年）
中国新聞社編『検証ヒロシマ1945―1995』中国新聞社（一九九五年）
嘉指信雄・森瀧春子・豊田直巳編『終わらないイラク戦争』勉誠出版（二〇一三年）
原水爆禁止広島母の会編集・発行『ひろしまの河』合本（一九八五年）
大江健三郎『ヒロシマ・ノート』岩波新書（一九六五年）
原水爆禁止日本国民会議　21世紀の原水禁運動を考える会『開かれた「パンドラの箱」と核廃絶へのたたかい』七つ森書館（二〇〇二年）
社民党月刊機関誌『月刊社会民主』（二〇〇二年十二月号）
反核パシフィックセンター東京編集・発行『パシフィカ』（映画『ブッダの嘆き』特集号）（二〇〇〇年）
月刊誌『世界』（第三〇四号　一九七一年三月）岩波書店
NO DU ヒロシマ・プロジェクト編集・発行『Hiroshima Appeal　劣化ウラン弾禁止を求めるヒロシマ・アピール』（二〇〇三年）
NO DU ヒロシマ・プロジェクト／ＩＣＢＵＷ編『ウラン兵器なき世界をめざして――ＩＣＢＵＷの挑戦』合同出版（二〇〇八年）
スベトラーナ・アレクシエービッチ／松本妙子訳『チェルノブイリの祈り』岩波現代文庫（二〇一一年）
広島平和文化センター機関誌『平和文化』（二〇〇九年六月）
原爆の子きょう竹会編『改訂版「原爆の子」その後――「原爆の子」執筆者の半世紀』本の泉社（二〇一三年）
※『中国新聞』『朝日新聞』『中日新聞』『神戸新聞』『河北新報』『福井新聞』『日本経済新聞』『毎日新聞』などから引用、この他に新聞各紙、各ホームページ、学会誌、ミニコミ紙などを参照

森瀧市郎（もりたき・いちろう）

1901～94年。広島大学名誉教授。哲学者。京都大学大学院を修了後、広島高等師範学校の教授となる。1945年8月6日、爆心地から約4キロで被爆、右目を失明。51年「広島大学平和問題研究会」世話人、53年「広島子どもを守る会」会長、その他、原水爆禁止日本国民会議（原水禁）議長、広島県原爆被害者団体協議会理事長、日本原水爆被害者団体協議会顧問等を歴任。54年、第五福竜丸被爆事件を受けた「原爆・水爆禁止広島市民大会」開催、55年第1回「原水爆禁止世界大会」広島開催、62年米ソ核実験再開抗議の座り込みなど、反核・平和を求める非暴力の抗議を様々な形で実践した。著書については本書「主な引用・参考文献」参照。

森瀧春子（もりたき・はるこ）

1939年生。広島大学教育学部を卒業。1963年から33年間、県内の公立中学に勤めながら、晩年の父・市郎さんのサポートをする。96年に乳がんの治療に専念するため退職、がんと闘いながら反核の娘として市郎さんの遺志を継いで、国内外で旺盛な活動を続けている。現在、「核兵器廃絶をめざすヒロシマの会」（HANWA）共同代表、「核兵器廃絶日本NGO連絡会」共同世話人、「NO DO（劣化ウラン兵器禁止）ヒロシマ・プロジェクト」事務局長、「ICBUW（ウラン兵器禁止を求める国際連合）」運営委員、「さようなら原発ヒロシマの会」運営委員、「世界核被害者フォーラム」事務局長、「核兵器禁止条約のためのヒロシマ共同行動実行委員会」事務局長。

著者紹介

広岩近広（ひろいわ・ちかひろ）

1950年大分県生まれ。電気通信大学電波通信学科卒業。1975年に毎日新聞社に入社。大阪社会部や「サンデー毎日」編集部で事件と調査報道に携わる。2007年から専門編集委員に就任し、原爆や戦争を取材・執筆、大阪本社発行の朝刊連載「平和をたずねて」で第22回坂田記念ジャーナリズム賞を受賞。2016年から毎日新聞客員編集委員。
主な著書に『わたしの〈平和と戦争〉——永遠平和のためのメッセージ』（編、集英社、2016）『戦争を背負わされて——10代だった9人の証言』（岩波書店、2015）『被爆アオギリと生きる——語り部・沼田鈴子の伝言』（岩波ジュニア新書、2013）。

核《かく》を葬《ほうむ》れ！——森瀧市郎《もりたきいちろう》・春子《はるこ》父娘《おやこ》の非核活動記録《ひかくかつどうきろく》

2017年 8月6日　初版第1刷発行©

著　者　広　岩　近　広
発行者　藤　原　良　雄
発行所　株式会社　藤　原　書　店

〒162-0041　東京都新宿区早稲田鶴巻町523
電　話　03（5272）0301
FAX　03（5272）0450
振　替　00160-4-17013
info@fujiwara-shoten.co.jp

印刷・製本　中央精版印刷

落丁本・乱丁本はお取替えいたします
定価はカバーに表示してあります

Printed in Japan
ISBN978-4-86578-130-4